风雨归乡人

深圳沙河归国华侨纪实

深圳市南山区沙河街道党工委
深圳市南山区沙河街道办事处　编

经济日报出版社

图书在版编目（CIP）数据

风雨归乡人：深圳沙河归国华侨纪实 / 深圳市南山区沙河街道党工委，深圳市南山区沙河街道办事处编. -- 北京：经济日报出版社，2021.6

ISBN 978-7-5196-0885-9

Ⅰ. ①风… Ⅱ. ①深… ②深… Ⅲ. ①归国华侨–简介–深圳 Ⅳ. ①D634.2

中国版本图书馆 CIP 数据核字（2021）第 115284 号

风雨归乡人：深圳沙河归国华侨纪实

编　　者	深圳市南山区沙河街道党工委　深圳市南山区沙河街道办事处
责任编辑	王　含
责任校对	蒋　佳
出版发行	经济日报出版社
地　　址	北京市西城区白纸坊东街 2 号（邮政编码：100054）
电　　话	010–63567684（总编室）
	010–63584556　63567691（财经编辑部）
	010–63567687（企业与企业家史编辑部）
	010–63567683（经济与管理学术编辑部）
	010–63538621　63567692（发行部）
网　　址	www.edpbook.com.cn
E – mail	edpbook@126.com
经　　销	全国新华书店
印　　刷	成都兴怡包装装潢有限公司
开　　本	880mm×1230mm　1/32
印　　张	9.5
字　　数	160 千字
版　　次	2021 年 6 月第一版
印　　次	2021 年 6 月第一次印刷
书　　号	ISBN 978-7-5196-0885-9
定　　价	68.00 元

编委会

序

在中国共产党建党一百周年即将来临之际，喜闻沙河街道主编的《风雨归乡人——深圳沙河归国华侨纪实》正式出版，这是一件令人振奋的大好事，值得庆贺。

于1985年11月11日成立的深圳特区华侨城建设指挥部（现为华侨城集团）位于深圳湾畔的沙河街道辖区，依山面海，著名的深南大道贯穿其中，拥有得天独厚的地理条件。集团从成立之初定位的“新时期侨务工作的窗口和基地”到1990年代中期集中发展家电、旅游和房地产等几个优势重点产业，再到2009年主营业务的整体上市，一路披荆斩棘、历经艰辛，有汗水，也有泪水，取得的成绩举世瞩目。上述成绩的取得主要得益于华侨城集团一向秉承“在花园中建城市”的理念进行开发建设，沙河华侨城片区在很长时间里都是深圳城市建设的典范和样本；坚持以市场为导向、客户至上和科技领先原则，培育出了华侨城地产、旅游、酒店等产业，以及康佳集团、锦绣中华、世界之窗、欢乐谷等一批人们耳熟能详的著名企业和知名品牌，是深圳市综合实力最强的企业集团之一。

华侨城之所以能取得以上成绩，广大归侨侨眷在其中发挥了重要的作用。如今，在深圳市侨联、南山区侨联、沙河街道党工委和华侨城集团侨联的支持帮助下，邹丹女士走进这一普通而又特殊的群体中，将他们独特的人生故事书写出来，意义非凡。在这一群体身上，我们看到了中国共产党对人民的深切关怀之情，也看到了广大归侨侨眷浓浓的爱国情怀，他们为深圳的改革开放事业、为华侨城集团的建设发展贡献了自己的青春和汗水，他们深爱深圳这片热土，这是他们的根。

感谢撰稿人，用文字表达、记录下这一切，16 篇文章不多，但把沙河华侨城归侨群体形象有血有肉地塑造出来了，这既是对他们最好的心灵慰藉，也将给他人带来启迪。应撰稿人的邀请，我很乐意为本书作序，主要是因为近 20 年的华侨城工作经历，在我人生中留下了浓墨重彩的一笔、留下了深厚的情感印记，书中所写的这些归侨都曾经是我的同事，我了解他们，感谢他们，并在此深深地祝福他们！

不忘来时路，不忘先行者！

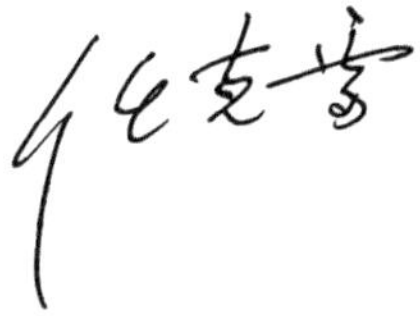

2021 年 4 月 29 日

目录

附录

安抵祖国

——印尼归侨陈淑黎归国记

家住沙河的陈淑黎夫妇一直细心地保存着他们俩1960年10月份回国时的船票，60年过去了，这两张船票的纸张虽有些发黄变薄，但封面上红色的“安抵祖国”4个大字依然鲜艳夺目，让人看了不禁眼热心跳。与船票一起保存的还有临离开印度尼西亚（以下简称“印尼”）前她家的全家照、她和母亲等人与外婆姨母的合影、她先生陈良玉在印尼读书时的成绩单等。这些物件，无疑已成为他们夫妇生命中最重要的“行走印记”。

1954年，陈淑黎降生于印尼“泗水”的一个华人家庭。父亲陈明祥，1924年从福建泉州前往印尼。16岁的他是去投靠自己的父亲的。陈淑黎的祖父先前携弟下南洋，先到新加坡，发现华人太多揾食不易，又辗转到了印尼。凭着双手慢慢打出一片天地，便唤自己唯一的儿子前来。到印尼两年后，陈明祥奉父命回国完婚，生下一男一女，将母亲妻儿也带至印尼生活，妻子却因水土不服客死异乡。再婚，娶了陈淑黎的母亲高连娘。那一年陈明祥已 30 岁，高连娘才 17 岁，只比继子大 8 岁。高连娘祖籍福建福清，其家族已在印尼生活了 150 多年，到她这里已是第七代，家里人丁兴旺。两人结合后一连生下了 6 个儿女，加上前面两个，陈淑黎在家里排行第六，最后一个妹妹是到汕头下船十几天后生下的。大着肚子的母亲在船上呕吐不止的情景，成为她归国途中最深刻的记忆。

当年的船票

60 年过去了，船票还保存得完好如初

回国前的全家照（靠在父亲怀里的正是陈淑黎）

回国前，陈淑黎已在印尼这个叫“泗水”的城市生活了6年，在华人学校上了半年学。泗水是印尼第二大城市，商贸业较发达。她家里像大多数华人家庭一样，开店做买卖，经营米粮杂货燕窝等生活用品。虽然家里兄弟姐妹众多，但祖父和父亲颇有商业头脑，加上勤劳肯干，生意做得很红火。那几年，陈淑黎一家的生活过得较富足，家里不仅请了两个印尼保姆，还有搬运工，一应杂事家务都由他们负责，孩子们平常还有巧克力等零食吃。即使燕窝这种当地的名贵产品，母亲也经常煮给他们吃。

祖父和父亲都是热心人。尤其祖父陈天柱，到印尼后经商很成功，不久成立了“同乡会”，热情招待从家乡来的同胞，免费提供吃住。受祖父影响，父亲也热心帮助遇到困难的同乡，渐渐在华人圈中有了一定的名望，后来担任了中华学校的董事长。20 世纪 50 年代，由祖父和父亲牵头捐款支援家乡的建设，在福建家乡建设了一座碾米厂。在陈淑黎的记忆里，家里经常有“中国画报”看，上面的图片张张精美。父亲还常带着一家人收听广播电台的“中国之声”，“中国”二字，可以说是陈淑黎最早认识和听得最多的两个汉字。

1959 年，诸多原因叠加在一起，尤其是不满印尼社会大部分财富掌握在占当时印尼总人口还不到 3% 的华人手里，一场由乡村开始、渐渐到大城市的“排华”“反华”浪潮一浪接一浪地掀起。首先是关闭所有乡镇的华人学校，让华人子弟无学可上。为了使华人们死心，所有“华校”或被封门或被部队占领。接着从经济上采取措施“掐”住华人的脖子。政府下令在印华人如不愿加入印尼国籍则剥夺其从事商业活动的权利，他们在华人集聚地张贴公告，广而告之，很快就家喻户晓。事件渐渐发展到“抢店”“砸店”甚至放火“烧店”，恐怖气氛日益浓厚。

何去何从？52 岁的陈明祥态度坚定，自己在中国出生长大，是地地道道的中国人，哪怕不做生意坐吃山空也不入印尼籍。虽然妻子的家人舍不得他们回国，可他还是决定带着全家离开这个近乎疯狂的国家。此时陈淑黎的祖父母均已谢世，陈明祥带着妻儿在关店等待一年后终于坐上了祖国派来的轮船。行前他在父母坟头长跪痛哭：爹娘啊，儿不孝，不能带你们回家，以后也不能来给你们上坟了，你们莫要怪我。陈明祥心里说不出的难过，第一次刻骨铭心地感到了一名海外游子的心酸和无奈。他站起来，目光坚定，回祖国去，回故乡去，越快越好。

事实证明他的选择是明智的。后来几年印尼社会愈加丧心病狂，不仅大城市的中华学校无一保留，连中文也不能出现在任何公共场所，即使华人墓地也不可见到。1966、1967 两年无数无辜在印华人遭屠杀，鲜血染红了那片曾洒下他们辛勤汗水的土地。

只是小孩子不懂大人的伤心事，回国时个个高兴得不得了，陈淑黎的大姐说，这下可以看到下雪了，她们长这么大，还一直都没有见过雪花飘落的情景呢。

陈淑黎的丈夫陈良玉也是和她坐同一趟船回国的，他也是第七代华人，回国时已有 12 岁，会说一口流利的印尼语。陈良玉家中有 5 个姐姐一个妹妹和一个弟弟。眼看那么多华人要回中国，姐姐们不愿意落个留下来嫁给印尼人的命运，便也嚷嚷着要回国。他们一家人，在印尼足足等了一年半才等到船票。陈良玉回忆，当时可谓“一票难求”，虽然大家都想回国，但华人社会很团结，家里条件好的会主动让困难些的先走。他们家的经济条件相对较好，所以等待的时间长一点。

回国时，印尼海关实行全“裸体”式检查，其粗暴严苛令人发指，大家敢怒不敢言。毕竟还在人家的国土上。原以为小孩子不会查，所以让陈淑黎最小的姐姐双手臂上戴满金手链和金手镯，结果全部被没收。有些华人家庭事先想得周全，将家中贵重物品藏在柜子的夹层中，得以侥幸带回国来。

陈淑黎一家被安置到广东“陆丰华侨农场”，这个建于 1952 年的农场先后安置印尼、马来西亚、泰国、柬埔寨等国归难侨近 2 万人。和其他华侨农场一样，该场是国家鉴于当时历史条件下开办的用以安置归难侨的带有事业性质的农场。

1960 年正处于国家三年困难时期，从异国归来的华侨们一时很难适应这种“苦日子”“难日子”。虽然国家在粮食衣物配给等方面已对归侨实行倾斜，但由于孩子众多，加上正处长身体的时候，吃得多，所以还是不够吃。陈淑黎记得：自己年龄虽不大，也会为了填饱肚子跟着哥哥姐姐们去外面找吃的，做得最多的一件事就是去捋香蕉

陈良玉亲手制作的结婚家具

花回来煮着吃。香蕉树他们太熟悉，过去吃的“印尼粽”就是用香蕉叶包的。有一次看了番薯实在想吃，就偷偷和妹妹把从印尼带回来的肥皂换了。至于父亲带回国的金戒指大多也换了吃的，其中一个金戒指换了一只鹅，最后一个金戒指因为姐姐住院治病，也换了。陈淑黎说，虽然都没留住，也不觉得可惜，能换来吃的，全家人都高兴。

一回国就开始读书的陈淑黎读到初中毕业就参加了工作，那是1970年。一切从头学起，插秧、割稻、种茶叶和胡椒等，虽然个子长得瘦小，但认真学，到后来也慢慢上手。正是在劳动和工作中她认识了大她6岁的丈夫陈良玉。那时她因年纪小不惹人注目，可作为小队长的陈良玉却很“抢眼”。为什么？因为他虽然只读了半学期高中，但人极聪明，农活干得好不说，放电影、画画、木工、雕刻每样都拿得起，还会写一手好字和好文章。在那个火热的年代，这一身本事都能派上用场。那时常常看到他在场里的板报上“比比划划”，半天过去，一台内容丰富、文字飞扬、插图生动的黑板报就出现在众人面前。还有每年春节农场举办的“游园”活动，上面贴满了他写的谜语、画的画，这一切，不禁令陈淑黎春心萌动。她的目光渐渐聚焦在他身上，这是一个才华横溢、心灵手巧的人，这样的一个人来做自己的恋人也不错吧。而陈淑黎也以温柔的性格和一双美丽动人的大眼睛打动了陈良玉的心。那时农场规定，女孩子必须满了23岁才能结婚，陈良玉耐心等候，终于等到1977年，他快30岁了，两人才走到了一起。为了表达自己的爱意和对未来生活的向往，陈良玉亲自动手，为自己的新房打造了床、柜、椅等一房家具，还在衣柜上雕刻了精美的图案。这个特别的衣柜到现在还放在农场陈良玉弟弟的屋子里。

1979年，他们的女儿出生了。这一年，国家准备在深圳、珠海、厦门等地设立经济特区，一场巨大的社会变革正风起云涌。陈淑黎夫妻完全沉浸在初为父母的喜悦中。他们做梦也未想到，再过几年，夫妻俩也会投身到改革开放的滚滚洪流中来。他们将来到的地方，名叫“沙河工业区”，紧挨深圳的白石洲片区。

深圳地名多以地形而命。作为深圳最大的城中村白石洲村亦然。过去这条村庄有座麒麟山，山顶上屹立着一块巨型白石，宛如麒麟头，正对着前方的海湾，而村落就建在海湾的沙洲上，于是便有了“白石洲”之名。而西部小山上有白石磊磊，依依环绕，故而又有了“上白石”“下白石”。在20世纪50年代，白石洲片区在大小沙河之间，还是一大片稻田、蚝田，中间夹杂不少小山岗和坟地，树木茂密。1959年，佛山农垦局在此创办了沙河农场，由白石洲、新塘和上白石、下白石4个自然村组成。1960年因修建石岩湖水库又迁入第五个自然村——塘头。1966年，沙河农场由省直属农场管理局接管。1978年，又改归广东省华侨农场管理局管辖。

1979年，广东省华侨农场管理局决定在沙河华侨农场兴办中国第一家中外合资电子企业，即光明华侨电子厂。为何想到办电子厂？原来在1978年8月8日召开的接待安置越南难侨会议上，时任全国人大副委员长、国务院侨办主任廖承志主任说：在西贡有不少电子华侨技术工人，我们在华侨农场办电子厂安置他们，可发挥他们的作用，也可以尽快出成效，大有奔头。后来的事实证明，此举眼光独特，见效明显。在光明华侨电子厂后，很快又有了毛织厂、手袋厂等一批合资企业。这批企业有个共同的“特别之处”，就是他们必须根据省侨办的要求到省各华侨农场招调归侨或归侨子弟，采取“自愿报名，择优录取”的方式进行。

消息一出，立时引起较大反响，不少归侨愿意来深圳参加特区的各项建设。陈良玉的年龄虽然偏大，但由于他较高的个人素质，还是在1984年被华侨家私有限公司相中破格录取。

到了深圳，陈良玉才知道，自己将要供职的单位很不一般：创建于1982年的华侨家私有限公司是中国大陆第一家台资企业，廖承志主任亲自为公司题名，王震副主席等国家领导人亲临公司视察。公司在管理上也“别出新裁”，实行董事会领导下的总经理负责制及人事合同制、聘用制等，陈良玉虽对这些新政策模模糊糊，但他心里明白必须好好干。光靠过去的一些经验远远不行，必须学习新知识。因此他在干中学，学中干，精益求精，很快崭露头角。几年过去，他从一名普通的绘图员，慢慢成为主任、技术部的副经理、经理等，经他技术把关后制作的家私源源不断地销往国内外，让他第一次真正产生了个人自豪感和成就感。

1986年，陈淑黎也随夫调到华侨家私有限公司工作，做仓库管理员。4年后也就是1990年，他们一家三口搬进了中新街荔枝苑的家。坐在这间90多平方米显得宽敞舒适的房子里，夫妻俩不敢相信般地你望望我，我望望你。“高兴吗？”陈良玉轻声地问身边的妻子。陈淑黎重重地点了点头。从1960年归国到1990年30年过去，世界发生了天翻地覆的变化，他们的家庭生活也在飞速地变化着。“要是父亲还在，能看到这一切就好了。”陈淑黎对丈夫说。她的父亲陈明祥于1972年离世，那年才64岁。父亲去世前向儿女们表达了两点意思，一是希望他们以后有机会去印尼找找爷爷奶奶的坟，前去磕个头，说几句话。二是回国初期那几年让孩子们吃了不少苦，做父亲的觉得有些对不起他们。陈淑黎想，假若父亲能活着看到他们今天的生活，心里就不会有任何自责的念头了。

已退休10多年的陈淑黎夫妇俩，在带大了两个外孙后，如今的生活才真正进入“休闲”模式：两人退休工资加起来每月一万多元，一年总有几次国内国外旅行，去得最多的地方当然是印尼，那里还有母亲的所有亲戚和丈夫家的大部分亲戚，总共好几十人。陈淑黎惊讶地看到，他们的生活和几十年前相比没有太大的变化。亲戚们也很关注陈淑黎的衣装和夫妇俩每月上万元的退休金，因为他们没有养老金，完全靠平常积蓄或子女养活，羡慕之情溢于言表。陈淑黎自豪地对他们说，是啊，现在祖国强大了，老百姓富裕了，自己也过上了三代同堂的美好生活，真是想都没想到会有今天这么好的日子。最让人高兴的是，能幸福地生活在自己的祖国。亲戚们听着，点点头，似有所动。

台风“山竹”过后，陈淑黎小外孙上街清理断枝

回到印尼，唯一让她遗憾的是，几十年过去，爷爷奶奶的坟早已不见踪影。

陈淑黎作为归侨与其他人没有什么两样，她积极参加社区活动，是中新街社区老年合唱队的成员，偶尔和邻居打打不来钱的麻将。如果真有什么不同之处的话，会发现家住在一楼的她，在周围的场地上悄悄种植了几株黄姜、香叶，她说黄姜是用来做“咖喱汁”的，做咖喱没有黄姜可不行。她在家里偶尔做做印尼菜，换下口味。他们兄妹都会做印尼菜，都是向父亲学来的。她最拿手的菜是菠萝蜜、咖喱排骨、印尼粽、木薯糕等。

2018 年，陈淑黎的退休生活有了新的内容，她取得了“义工证”，开始做义工，以捡拾垃圾、整治环境为主。

2018 年台风“山竹”过后，她还带着女儿和最小的外孙到街上去清理断树枝。只有 6 岁多的小外孙拖着一根近两米长的树枝，对着镜头咧开掉了门牙的小嘴巴笑得正欢。她说，自己虽然 60 多岁了，但身体还不错，还可做一些力所能及的事。她想用自己的行动，让小辈们更加爱惜身边的环境，不要乱扔垃圾。

陈淑黎话不多，但话语朴实，透着道理。

第一次见到五星红旗

——柬埔寨归侨韩全光忆当年

海南文昌，有着长达 278.5 公里的海岸线，为全海南岛之最。在这条漫长的海岸线上，遍布椰树，它们千姿百态，成片成势，场面壮观。其中数东郊椰林最为著名，曾作为中国形象上了邮票。

在“椰子之乡”长大的文昌人常年沐浴椰风、在椰林里穿过，对这种南方常见植物最有感情。当地的老人们讲，椰树全身都是宝，从椰子汁到椰肉到树棕。而椰子更是神奇，从树上落下来时从不会砸到人，因为它有两只眼睛和一个嘴巴。这样的传说，使椰树成了人们眼中的吉祥物。按说，生活在这里的人是幸福的，可在 20 世纪初，尽管椰树宝贝，椰子汁管够喝，但人们总不能拿它当饭吃。文昌人多地少，淡水水源缺乏，灌溉系统尚未形成，农耕基本上靠天吃饭，乡亲们的日子十分艰难。20 世纪二三十年代战乱频仍，当地的很多青壮年便在家门口的前港、清澜港坐上帆船，奔向东南亚各国去谋生。全海南岛下南洋最多的就是文昌、琼海和万宁三个地方。文昌后来便又有了“华侨之乡”的美誉。

沙河小学退休老师、柬埔寨归侨韩全光的父亲韩丁元，当年就是在抗日战争爆发时和兄长韩炳元一起挥泪告别父母妻儿，踏上陌生的国土，去寻找一线生机。

20 世纪 60 年代初期的柬埔寨生活安定、经济较繁荣，尤其在首都金边和马德望省等地。这里聚集的华人也最多，他们大多以经商为主。华人们因方言不同，分为潮州帮、广肇帮、客家帮、海南帮、福建帮 5 个帮，其中潮州帮人口最多，占了华人华侨总人口的 77%，海南籍只占总人口的 8%。可在马德望省的西诗芬市，却是海南人的天下，他们不仅把“文昌鸡”做到异国他乡，也把文昌的排球文化发扬光大到这个与泰国接壤的城市，每天都有人凑在一起打排球。那时中、柬两国关系十分友好，华人在当时社会上的地位较高。

经过 20 多年的打拼，此时的韩炳元在马德望省西诗芬市的一条繁华的人街上开了一个颇具规模的酒庄，成了当地一名有影响的侨领。他的弟弟韩丁元也在同一条街上开了间杂货店。韩丁元的生意虽然赶不上兄长，在满足温饱的基础上，尚有盈余，对自己的家庭生活也满意。大女儿头脑灵活，小学毕业后便前往相邻的泰国曼谷学美容美发；儿子韩青光高中念的是法国人办的学校，正准备去法国留学；小儿韩全光也在当地潮州会馆办的“国光中学”念初中，只是这个儿子人不爱说话，却很有自己的思想，读初中时就声称，自己将不读法国人办的高中。韩丁元对此也不反对。

1950 年代末，东南亚各国掀起的排华浪潮也波及到柬埔寨，影响渐渐产生。马德望省当时有三所华人办的学校，其中国光中学的老师大都有爱国倾向，尤其是教语文的班主任老师苏振明和音乐老师陈探真给他留下了较深的印象。苏老师国学修养高，讲课生动，韩全光受益不浅，语文成绩突飞猛进，初二时参加全校作文比赛，他取得了第一名的好成绩，获奖作文刊登在当时柬埔寨最有影响的华文报纸《工商日报》上，韩丁元高兴地拿着登有儿子文章的报纸给邻居亲友看。

韩全光还爱上美术课和音乐课。跟着陈探真老师，他学会了唱激情澎湃的《义勇军进行军》《歌唱祖国》等爱国歌曲，还学会了唱《勘探队员之歌》，这首歌的歌词饱

2016 年 10 月，在柬埔寨见到了恩师陈探真老师

含一种说不出的深情，打动了韩全光的心：“是那山谷的风，吹动了我们的红旗，是那狂暴的雨，洗刷了我们的帐篷。我们有火焰般的热情，战胜了一切疲劳和寒冷，背起了我们的行装，攀上了层层的山峰，我们满怀无限的希望，为祖国寻找出富饶的矿藏。”在陈老师的影响下，韩全光喜欢上音乐，参加了学校举办的歌唱比赛，取得了第一名的好成绩。与此同时，对祖国从内心深处产生了朦胧的向往之情。

初中毕业后，他果然没有像兄长那样读政府办的学校，而是去了首都金边潮州会馆办的“端华学校”，读

归国前

文科专修班。这所学校是整个柬埔寨规模最大的华语学校，教师们同样具有浓厚的中国情结，坐在座位上的韩全光聚精会神地听老师们讲在那并不遥远的国度所发生的一切：抗日战争、解放战争、抗美援朝，他听得肃然起敬。那也是他的国家，在短短的几十年间，背负着如此深重的苦难，却在无数中华儿女的前仆后继中迅速崛起，屹立在世界的东方。他为自己的国家而骄傲。

不到一年，班上陆陆续续有同学申请回国读书，他的心开始不安分了。1960 年初，当得知又有几个同学要启程回国，韩全光再也忍不住，写信回家，跟父母郑重提出，要和同学们一起回国念书。

接信后，韩丁元不同意，他的妻子郑谦更是不同意。他们的心揪成一团，不知道怎么劝住这个还满身孩子气的儿子。开始只能动之以情。郑谦劝儿子说，爸爸妈妈当年都是从国内出去的，记得那时出海，船有时候会漏水，曾淹死过无数怀揣梦想的“去番”客。韩全光马上来信说，现在回国不用坐船了，有飞机坐。直飞香港。母亲还是不同意，说国内目前生活还赶不上柬埔寨，你年纪小，不懂得照顾自己。等过两年再说吧。对母亲的话韩全光一句也听不进，每周都写信回家，坚持自己的主张。眼见儿子心意已定，韩丁元夫妇俩知道留不住孩子，只得开始为儿子凑钱买机票，打点行装。

归国后，与同学们一起踏青(后排)

这一天，韩全光告别父母，登上了飞机。他不知道此去经年，自己再也见不到父亲，而母亲和哥哥姐姐，也将在 1975 年至 1976 年“红色高棉”时期经历惨不忍睹的人生，不然，也许回国的心不会那么坚定。令他后悔的是，他没能劝父母亲和哥哥姐姐一起跟他回国，否则也不至于姐夫饿死，妈妈身后连埋在哪里也不知道，哥哥姐姐躲进深山密林最后逃到越南泰国才保住一命，而作为侨领的伯父一家数口，竟平白无故地死于乱枪扫射之中。柬埔寨，这个曾经的文明古国，竟会在20世纪的70年代发生如此恐怖的事件。

没有人会先知先觉。

对于这段血淋淋的往事，无论过去多少年，韩全光仍会感到内心的伤口在隐隐作痛。他尽量不去触碰这个伤口。他有时想，像他这样怀抱悔恨之情的柬埔寨华侨有多少个？估计数也数不清。没人会做这样的统计。

韩全光特别感谢他的母校国光中学和端华中学，在这两个华人学校，他遇到了一群特别的人，使他增长了知识，开阔了眼界。不然也会遭到和哥哥姐姐同样的命运，说不定比他们更差。他很庆幸自己做出这样的选择。

第一次回国的经历始终铭刻在他的心里。从金边到香港飞行时间还不到三小时，临近降落，突然大雨滂沱，飞机颠簸厉害，忽上忽下。第一次坐飞机的韩全光呕吐不止，他想起了妈妈说的话，他坚持着，尽量让自己平静下来。

在香港短暂的停留后，便是回国的日子。这一天是

1960年3月26日，他不会忘。天放晴了，阳光格外明媚。沐浴在阳光中的罗湖桥那么静谧、庄严，他和几个同学一步步地走在上面，心中涌起一番别样的感觉。那是一座普通的钢筋水泥铁桥，桥面不太宽，进关的人不多。韩全光他们不知道，几百年前罗湖桥还只是梧桐河上的一条小石桥，后变成木桥。1907年，中、英双方达成相关协议，1911年年底，桥宽20米（分为铁路桥和人行桥两部分）、桥长44米的罗湖桥正式建成，好长一段时间，它都是除了北部与苏联的关口外，中国唯一一座与外部世界相通的桥梁。

1950年代，从这座桥上曾走过华罗庚、邓稼先、钱学森、李四光等好几位回国参与社会主义建设的科学家，今天的韩全光等，虽然还只是一介学生，却对祖国同样抱着满腔热忱。来之前，母亲郑谦就跟他说过，国内目前生活还不是很好，所以韩全光心里已做好了准备，对眼前关口的简陋、低矮的房屋没有太多的讶异，倒是抬头望去惊见一面鲜艳的五星红旗在和风中徐徐地飘动，仿佛在对着这群学子们说：欢迎你们！欢迎回家！

歌声中的五星红旗如今生气勃勃地飘扬在眼前，怎不令韩全光心潮澎湃。他想起生活了16年的那片国土，想起与父母力争半年才获得同意，想起飞机上的颠簸，他的眼角湿润了，驻足伫立，同学们也都和他一样，向五星红旗行注目礼。此时无声胜有声，韩全光用手擦擦脸颊，在深深地凝望它一眼后，他重新迈起脚步，稳稳地向前走去。

此后的几年，他在厦门集美华侨学校文科专修班学了一年多，在福州市艺术专科学校声乐班学了两年，在福建省歌舞团待了几个月。虽然国内没有任何亲属，但他靠着国家助学金生活，倒也无忧无虑。1964 年 1 月，中共中央、国务院发布《关于动员和组织城市知识青年参加农村社会主义建设的决定（草案）》，这是我国第一个指导知识青年上山下乡的纲领性文件。此《决定》一出，即在全国掀起了一股热潮。学校开始动员，在报纸上读完整篇文件的韩全光也满腔热情地报名参加上山下乡运动。经福建省侨联安排，一列火车将数百名学子拉到广州，然后分成两拨人马，一部分开到了海南兴隆华侨农场，韩全光则分到了英德华侨农场。这一待就是 20 年。

离广州约 140 公里的英德华侨农场，其前身为广东省粤北曙光机械农场，1957 年开始接受安置印尼、越南等国归侨。韩全光他们到达广州后，被通知要在三元里就地学习休整一周，因为知青住房还正在紧锣密鼓地搭建之中。那几天，农场来人向他们介绍以后的工作情况：主要是种茶，男知青负责在茶场里制茶，女知青负责采茶。等韩全光他们到了农场一看，茶场里的杂草比茶还深，茶苗缺损严重，除杂草和“育苗”摆在第一位。他和大家一样，每天都投入到紧张的劳动之中。此时的韩全光还是一个20岁都不到的小伙子，虽没干过一天农活，但干劲很大，再累的活，只要有一碗饭吃，只要能睡上一整觉，浑身上下又充满了劲头，所以他不觉得怎么苦。给他留下深刻印象的是给茶苗制作“营养杯”。英德华侨农场处于一块盆地之中，冬天虽没有下雪，但结霜严重，气温只有几度。“营养杯”里的土结成块了，要加上点水用双脚去踩，把它踩成泥浆。踩啊踩，即使年轻如他，还是觉得皮肤冷得刺痛。另外一个印象是种防风林。他记得一到下雨天，生产队就组织大家出去种树，说此时种树最易存活，提出了“小雨小干、大雨大干、没有雨就拼命干”的口号，虽然他们常常一身湿，但大家的积极性还是很高，别无怨言。

一晃八九年过去。1969年，母亲大包小包来探亲。母子俩已分开9年多，母亲已是满头白发一老妪，而日思夜想的儿子，已从一个16岁不到的青涩少年长成了一个25岁的壮实小伙子，见面自然是又哭又笑。母亲问儿子苦不苦？韩全光笑望着母亲答：不苦。是自己坚持要回国的，怎么能说苦呢，他心里想。再说，他也真的不觉得有多苦。母亲要儿子跟她一起回柬埔寨或者想办法去香港。韩全光也摇头，他已经习惯这儿的生活。此时他已是农场“毛泽东思想文艺宣传队”的骨干队员，他编排的节目在全县汇演中受到好评，他正踌躇满志。说服不了儿子的母亲郑谦洒泪别去。对这次见面，韩全光有很多遗憾，父亲没有同来。自他回国，他们父子再也没有见面，后来听姐姐讲，1972年父亲病重时，嘴里一直念叨着他的名字。而这次母子俩分手后，他再也没有见到爱他的母亲。他有时想，假如这次能留住母亲就好了，后来国内的日子生活一天比一天好，而柬埔寨，没过几年就陷于战乱之中。从此，他与母亲就天各一方、阴阳相隔。

令他悲伤的时刻还未来到。1969年的韩全光是幸福的，不仅因为母子团聚，还有一个重要的因素，他不是一个人去见母亲的，他还带着他的未婚妻陈美銮。

原来他们当年是坐一列火车到广州的，只是两人尚不相识。陈美銮是印尼归侨，比起她的丈夫韩全光，她的身世同样令人唏嘘。

1944年，正是印尼人民最艰难的时期，日本人的铁蹄如入无人之境。她的父亲陈阳候在印尼东加里曼丹三马林达市街头开一个小商店，却无端受到牵连，被日本人抓走，此时最小的女儿陈美銮出生仅49天。一年后，日本投降，陈阳候即被杀害。一岁多的陈美銮，尚不识亲人面，就永远地失去了父亲。家人也不知他的尸骨埋在何方。好在政府给她家发了抚恤金，让一家人还能生活下去。后来三姐妹都读了书，她读到了初中毕业，遇上排华，来不及等二姐，便和同学回了国。见妹妹已回，已在印尼教书的二姐于 1965 年乘飞机回国。大姐已成家，和母亲留在了印尼。

自回国那天起，陈美銮母女再没有见过面，母亲留给她的就是一张泪痕满面的脸，连一张照片也没有。生活总会给人补偿。回国后，她经常去老家福建永春，当年父母亲就是从这里出去的。她见到了祖母，一个人独守着祖屋。以后每年暑假都会回去探望老人家。

就这样，韩全光和陈美銮相遇在农场，他们一起劳动、一起唱歌跳舞，慢慢产生感情。把两张床并在一起就是他们的婚床，向同事们撒一把糖果就算见证。让他们高兴的是，听闻两人即将成家，母亲专门来探亲，从香港为他们带来了一床漂亮实用的毛毯及其他衣物，这床毛毯“服务” 50 多年，如今还未坏，被他们宝贝般地收藏着。

到 20 世纪 80 年代初，韩全光已是农场中学的初中语文老师兼教音乐。他和陈美銮已生下了一双儿女，他们以为自己会在英德华侨农场一直待下去，待一辈子。

不久，改革开放的春风吹向祖国的四面八方，也吹到英德华侨农场。看到昔日的同事一个个离开，韩全光也有了动一动的想法。虽然他已拖家带口，也想有个更大的平台，可以尽情地发挥自己的才干，使人生更充实和丰满。1984 年的深圳正值招兵买马之际，他在同事的召唤下如约前来，人家只是看了他一眼、谈了半小时，就确定要人，而他，连沙河小学门朝哪开都不知道，就回去办调动手续。那时候的人们就是这种作风，无需多想，相信明天，相信未来。

位于白石洲区域塘头村的沙河小学究竟是何来历？这首先要从塘头村说起。在 1959 年以前，白石洲片区还没有塘头村，它是后来者，连名字和人一起带来。1960 年，因建设铁岗水库，原石岩塘头大队 68 户迁入沙河农场。

建于 1961 年的沙河小学

沙河小学的归侨老师（前排右一为韩全光）

1961 年农场改由广州军区司令部接管，作为部队农副食品供应基地，就是这段时期，在塘头村的一座小山岗上办起了沙河小学。

1970 年代中后期，沙河小学破旧不说，最奇特的事，就是学生逃港严重。据 1982 年调来沙河小学当校长的朱胜康老师说，那时班上的学生今天“走掉”五个、明天“走掉”十个是非常普通的一件事，只是到有一天有个班几乎全部逃港，只剩下一个学生第二天来上学，惊呆了老师们和校长。那是逃港最“汹涌”的一段时期。等到 1984 年，韩全光夫妇俩调到沙河小学任教，逃港现象倒是没有了，但学校之破旧令他们吃了一大惊。几乎所有的教室都没有门窗，教室之间的土墙也是“破洞百出”，从这间可以望到另一间。冬天，老师和学生们直喊冷。学校另外一个特点就是教师奇缺。1982 年，也是印尼归侨的朱胜康校长惊奇地发现，整个沙河学校十来个班级，却只有 11 名老师，几乎每个老师要负责一个班的教学。这些老师绝大部分都是广州知青。眼看学生越来越多，朱校长不断呼吁，作为学校管理方的广东省华侨实业总公司决定投入 25 万元，在离原校侧 100 米的平岗上划出 10800 平方米的土地，建教室 24 间、教学用配套房 13 间，建筑面积共约 3500 平方米，分两期完成。朱校长称，25 万元根本不够，其他的 30 多万元都是农场自筹、家长捐款和企业老板们赞助的。那段时间，他的工作就是四处游说、“化缘”，终于在 1986 年建起了第一栋楼房，两年后又建了另一栋。

仅两三年时间，学校面貌就发生如此天翻地覆的变化，学校的老师和学生们自然皆大欢喜。韩全光仍是教语文和音乐，还当班主任。他的妻子陈美銮也同时调进了沙河小学。学生们主要来自本地村民和沙河所辖企业干部职工的孩子，相比较而言，本地村民的孩子要调皮一些。韩全光把全部心思都用在教学上，赢得了师生们的好评，因成绩突出，被评为南头管理区 1988~1989 学年度“先进教师”，在以后的10来年时间里，又两次被评为南山区的“先进教师”。他还利用业余时间撰写了《班主任的工作要诀》《音乐欣赏课的改革探索》等十几篇论文，获得了相关的奖项。最后，他在学校教育处副主任的岗位上退休。

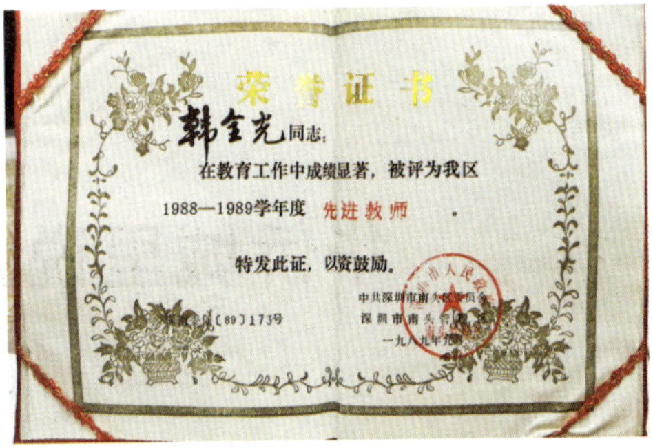

最珍贵的奖状

自2004年退休后，韩全光有时间做一些自己喜欢的事。他加入了市老年合唱团，成了该团最称职的歌手；还拿起了摄影机，用镜头记录美和生活。这两年他做得自认为最有意义的一件事，就是和他的“摄友”们一起，创立了摄影工作室，免费为老年人照标准相。深圳生活节奏快，老人们大多不想麻烦自己的孩子，而愿意接受他们这种爱心服务。这几年，他下社区共为60多个七八十岁的老人照了标准相。面对那一张张布满沧桑和幸福之情的面孔，韩全光内心被触动了，作为海外游子，自己幸好回到了祖国的怀抱，才有了如今幸福美好的晚年生活。

华侨城里说归侨

——那些并未远去的人和事

南国春早。1979 年 1 月，在罗湖桥头西行 15 公里的深圳沙河华侨农场，山边田野杜鹃花自顾自地开放，映红了一方土地。路上行人寥寥无几。此刻天是湛蓝色的，白云一动不动地聚集在一起，更显得蓝天下的这个世界太过静谧。但未过多久，这块静悄悄的地面上便迎来了几位特殊的客人，他们是香港港华电子企业有限公司的一行人，一路走走看看，指指点点。原来他们是要来这里投资办厂的，5 个月后，全国第一家中外合资电子企业诞生了，它就是——光明华侨电子厂（即现康佳集团股份有限公司的前身），投资总额约 4000 万港元，实际投资 2000 余万港元，当时也算是大手笔了。

康佳集团公司成立二十周年
集团公司董事会成员与员工在大门的合影

短短三年时间里，在该电子厂的四周又相继建起了汽车修配厂、毛织厂、家具厂、手袋厂、拉链厂等10多个工业项目，均为与美国、法国、菲律宾等国家的华侨或港商合资的企业。这些企业共引进外资1亿2000万港元。正在筹建的还有深圳湾大酒店、高档家私厂、高级晒图纸厂、新型仓库等。一时间，这里厂房星罗棋布，车人来往不息，热闹非凡。人们把这里称为“沙河工业区”。别小看了这个工业区，1982年，它的产值占深圳总产值的十分之一，令不少人刮目相看。昔日的荒山野岭，在几个春秋的转换之间变成了投资者眼里的黄金宝地。

就是这个地方，一个在1979年就到了沙河华侨企业总公司工作的老归侨说，这里原属“边防区”，人烟稀少得很，每年从唯一对外的深南路（当时是一条不宽的土路）上通过的车辆大约7000次，不像现在，每小时都可能不止这个数了。但此地绿化非常好，树木葱茏，尤其多松树，花草繁茂，小鸟成群结队，空气清新。

“那时候我们饭后常到这里来散步。”

老归侨说话时目光深邃，从他的话语中，可以看出他对这块土地充满热爱。此时他坐在星巴克侨城街店室外的坐椅上，指着前面的那块绿地说：“你知道吗？这儿下面原来是个小山谷，后来顺势而为，就把它建成了地下停车场。”

他指的这块绿地叫“湖滨广场”，面积约5000平方米，

此山名“麒麟山”，山顶有一块巨型白石，状如麒麟头，直面深圳湾。海湾的沙洲上住满了上万户人家，所谓白石之下，万家之洲。

紧邻华侨城指挥部大楼和汉唐大厦，被人称为“指挥部的后花园”。20多年前，华侨城集团把这块地方打造得别具特色，无论是树种的选择、花木之间的搭配，还是园艺造型，都显得新潮、有品位，引来不少人参观。眼下正是夏日黄昏时节，广场里十几株紫薇花开得正艳，一树树，一丛丛，披上一层夕阳的余晖，使这方天地更显明丽。

老归侨说完这番话还不过瘾，又把听者领到离此地不远的城市客栈锦绣中华店前，指着十几米开外的深南大道说：“这儿以前也是条山谷，比我刚才说的那里深得多。山谷里还有一线清亮的小溪流。当时也是请了好多设计师来，研究怎样更好地利用地形地貌规划设计。”

经他一说，还真是。此地高低落差近20米，相同情

1985年的深圳湾大酒店的翠湖

况在深南大道华侨城路段几近占了一半，除非山城，在沿海一带的城市中这样的地形地貌确实少见。他还说起，1981年筹建的深圳湾大酒店9层高（实际6层）的主楼也是建在一个V字形由高而低的山谷的顶端，两翼山脊则建为4层高的梯级式翼楼，海滩平坦处辟为游乐场和人工湖。当时它是离海边最近也最高的一处建筑，站在酒店的绝大多数房间都能看见对面香港的元朗和青山。

这不由让人想起当年国务院侨办领导对华侨城作出的指示："规划就是财富"，华侨城从初建开始就高度重视规划的高标准，坚持规划先行。在实施过程中，不因城市发展而牺牲环境，尽量保留原山丘、林地、湖泊等地形地貌，所有建筑随形就势，并在造型、布局、色彩上与周围环境自然协调。

此言看来非虚。

1979年来沙河华侨企业总公司工作的老归侨，自然无从知晓百年前的沙河是怎样一幅情景。居住在上下白石、白石洲村的老人听祖辈们说，当时这儿可是真正的荒滩野岭，黄沙滚滚，"沙河六里无人烟"啊，只有一座破烂的车公庙。因为少人光临，破庙里海盗出没，即使大白天都透出一股阴森之气。新中国成立后，狠抓封山育林工作，沙河渐渐充满了绿意。1959年11月，佛山专区农垦局在沙河地域创办国营沙河农场，土地面积达12.836平方公里。农场后来更名为光明华侨农场沙河分场。1979年，省华侨农场管理局成立沙河华侨企业总公司，为省属国营企业，他们在此兴办沙河工业区。1985年11月，华侨城建设指挥部在沙河华侨企业总公司的基础上成立，划地4.8平方公里。

一个地方的名字常常隐藏着外人不知的历史背景。为何叫“华侨城”？虽然在广东、福建等地的华侨农场建有不少“华侨新村”，但真正用“华侨”二字来命名一座城，在国内实属罕见。尤其是对深圳这座改革开放的城市来说，更是如此。

应该说，从1979年到1985年这近6年的时间里，有不少人的目光盯上了这个叫“沙河华侨农场”的地方。这块地北高南低，北面有燕晗山、杜鹃山，南部为滨海区，除了几个小村庄，大部分都是山坡、林地、稻田、蚝田和海滩，当然也有不少墓地。1970年代后期开始，有人在这里“围海造田”，他们在现威尼斯酒店处建了一栋两层的砖瓦房用作办公兼住宿，还真让他们造出了几块梯田。1979年，沙河华侨企业总公司进驻，直接把人马拉到这简易房里办公。当年5月就引进了全国第一家电子企业“光明华侨电子厂”，后来又在一年内办起了5家合资企业。

消息传到国务院侨办，全国人大常委会副委员长、国务院侨务办公室主任廖承志敏锐地意识到什么，1980 年初他提出将深圳沙河华侨农场办成引进华侨资金、技术和人才，用于开展新时代侨务工作的经济开发区。此建议虽未及时得到各方认同，但沙河华侨企业公司的工作仍卓有成效地推进。

1983 年，全国人大副委员长叶飞接管全国侨务工作，继承廖委员长未实现的遗愿，继续推动此项工作。1985 年 3 月 10 日他视察了沙河工业区，紧接着 3 月 16 日就在东莞召开全国侨务工作会议，在会上他正式提出建设“深圳特区华侨城”，取得了与会者的一致赞同。后来，叶飞委员长专门为此事写信给国务院领导。从 1980 年初提出，到 1985 年 8 月 28 日正式得到批准，历经 5 年多时间，这里面可谓凝聚了两代国家侨务领导人的心血。

两代领导人为何对办华侨城情有独钟？正如叶飞副委员长 1985 年接受《人民日报》记者采访时所说：“现在的华侨构成，和五十年代的情况有很大不同。过去华侨只是广东、福建等沿海的几个省有，今天全国各省、市都有华侨。过去华侨多数是经商，做小生意，大企业家很少，现在华侨中出现了一些大企业家、大财团。华侨、华人中科学技术人才多，尤其在北美和欧洲。广大华侨和侨胞对祖国有很深的感情，我们应当为他们创造报效祖国的良好环境和条件。”

一段话，道出了他的拳拳心声，也让人不得不佩服他们当年的眼光和胸怀。

只是说到环境，当时这儿还真是艰苦。

老归侨不知疲倦地说：“你不知道，最难的是水，尤其是吃的水。当时我们的一项工作任务就是四处找水。踏遍了这儿的每一寸地，还真找到了。就在办公楼附近发现了一处泉眼，住在这里的几十号人每天排着队来打水。”

“在一条不宽的泥地上，常常看到人们挑着水赤脚走过。”说这话时，老归侨的脸上闪过一丝不易察觉的表情，他的心肯定飞回了那波澜起伏的岁月。

关于用水难，原光明华侨电子厂的女工们也有很深的记忆。1980 年 8 月，从海南兴隆华侨农场来的 18 岁女工吴燕梅回忆说：“那时用的水都是黄泥水，姐妹们大多在中午打好水，放在那里沉淀一下午，到了晚上用来洗漱。冬天也没有热水洗澡，要自己生火烧水洗。”

已故的原华侨城建设指挥部党组书记、副总指挥兼香港中旅集团副总经理王谦宇先生有一次这样说：“现在人们都知道华侨城的辉煌，但是不知道先行者的艰辛。”他所说的艰辛其中就包括了老归侨和女工回忆中的“喝水难、用水也难”。

直到 1988 年 1 月 1 日，大冲水厂才真正向华侨城区域供水，结束了沙河地区多年来饮用水卫生不达标的历史。这点已白纸黑字地写进了华侨城集团“大事记”。

从印度尼西亚（以下简称“印尼”）归国的王谦宇对那次会议印象至深。

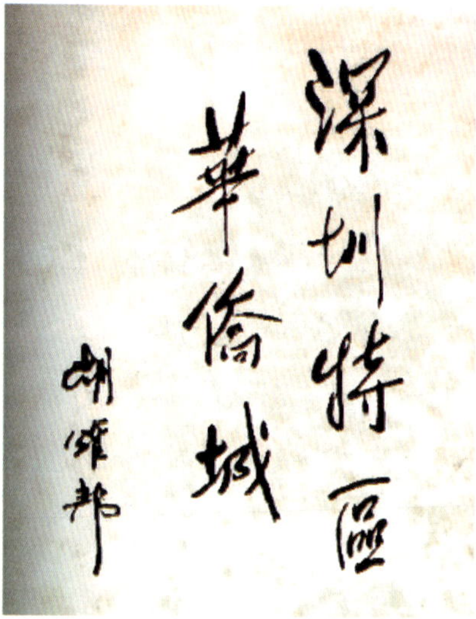

时任中共中央总书记胡耀邦于 1985 年 10 月 21 日为深圳特区华侨城题字

其实一开始讨论起哪个名字时，有人提出建“中国城”。你不是要吸引华侨资金吗？华侨是最爱国的了，叫这个名字最响亮。有人提出异议。在中国的土地上建“中国城”？不太妥当。最后还是叶飞委员长说，就叫“华侨城”。这位从菲律宾归国的侨务领导人最后对华侨城定了调。

“当时不觉得这个名字有多好，几十年过去，回过头来看，这个名字还是起得不错，非常简练。它是一座城，不是一个工业区，这些年一直是独立的运作，独立的规划，独立的建设。如今作为一个地理的名字，它永远保留在地图上。”

曾亲临会场参加会议的王谦宇先生，可谓真正见证了华侨城诞生的那一刻。

“这个华侨城如果搞得好，五年左右就可以见成效。”叶委员长对即将成立的华侨城定了一个 5 年的基本目标。而华侨城，最终没有辜负这个为它起名字的人。

说起深圳华侨城，在 1990 年初就以较高的知名度进入了公众视野。1989 年 11 月 22 日开业的锦绣中华在当时创下了三项全国纪录：几乎每位国家领导人都来此视察过；开业 3 个月累计接待游客 100 万人次；一年半收回全部投资。从 1986 年至 1993 年，华侨城工业年产值由 3.76

1992 年 1 月 21 日邓小平同志视察锦绣中华

亿元上升到 25.07 亿元，年均增长 31.1%。至 1993 年底，累计完成工业总产值 94.87 亿元，销售总收入 139.23 亿元，创汇 13.5 亿元，在深圳市 1993 年 50 家综合实力最强集团企业评选活动中，华侨城集团位列第 4 名。让它骄傲的还有全国第一家中外合资电子企业生产的“康佳牌电视机”，在 1995 年被评为全国十大驰名商标；还有 1980 年代以东方花园、1990 年代以锦绣花园等为代表的房地产业，让华侨城这个闹中取静之地成为以“环境优美”著称的最宜居的大型社区之一；还有以占地 25 公顷的燕晗山公园和占地 5 公顷的生态广场为代表的一批城区公共活动空间，以及街头随处可见的无数个精美绿化小品，让人

燕晗山下的生态广场，凤凰木花开一年又一年

一走进华侨城，就有一种城在林中、林在城中的静谧感和美感。每年的 5 月，华侨城生态广场的十几株凤凰木同时开花，几乎映红了半边天，一年又一年，来此观光的人摩肩接踵，纷纷攘攘。该广场从 1999 年 12 月 31 日建成开放，到今年历经 21 年，热度始终保持不减，不能不说是一个奇迹。

华侨城的建设与发展在不长的时间中取得这么好的成绩，广大归侨发挥了积极作用。这是华侨城的历史所决定的。

与当时开发模式相同、地理也邻近的蛇口工业区比，华侨城最大的特色在于一个“侨”字。它是引进侨资、开展侨务工作的窗口和基地，企业工人也主要从全省 20 多个华侨农场的归难侨子女和青年职工中择优录取。这两点都写进了 1985 年 4 月国务院侨务办公室给国务院的正式报告中。

其实早在 1979 年，华侨城之前的沙河华侨企业总公司执行的就是这个政策。所以，如果要记录华侨城这块地面的“归侨”历史，应该从 1979 年算起。有人说，那时走进华侨城的每一家企业，都能见到不少归侨，尤其以印尼、缅甸、马来西亚等国家为多。走在路上，耳朵里常常能听到飘过来的一两句东南亚口音的普通话，哪怕他们不作声，你也能辨别得出刚才与你擦肩而过的那个人也许就是归侨，因为他身上的花格衬衫充满了浓郁的东南亚风味。

细数最早来到此地的归侨，本文开头的“老归侨”要算一个，他叫刘国麟，来自印尼，曾任沙河华侨企业公司的党委书记，退休前是康佳集团股份有限公司的党委副书记、纪委书记，曾被评为“全国归侨侨眷先进个人”。其实还有比刘国麟更早的人，已故的傅谭喜就是其中一位。他在 1979 年年初筹办光明华侨电子厂时就被上级指派到此，担任筹备组组长。为何要派他来？他曾长期在广东省电子局从事管理和新产品试制工作。5 月，工厂建成，他当了副厂长。1982 年底工厂出现亏损，他临危受命，成为厂长。傅谭喜是新中国成立前夕归国的马来西亚华侨，当过兵，念过大学，政治觉悟过得硬，大事讲原则，小事讲风格。但办企业光凭一腔热情还不行，还得有办法。他曾对人说，如何在社会主义条件下办好中外合资企业，这是一个新课题。自担任厂长后，他对工厂的业务进行了较大调整，同时注意搞好与合资港商的关系，尊重港商，虚心学习对方经营管理方面的经验，遇事主动征求意见，共同协商解决。在他的领导下，1983 年该厂整机产量、生产总值和企业利润大幅度增长，年底利润突破 2000 万港元，相当于建厂几年来的全部投资。此后，该厂利润年年稳步增长，成为深圳电子业中的主力军，1992 年通过股份制改造后，“康佳”股票在深圳证券交易所上市。

归侨成为企业领头人的还有光明华侨家具厂厂长张恩泉，他是砂捞越归侨。光明华侨家具厂是国内第一家利用外资兴建的专门生产板式家具的新型家具厂，张恩泉厂长上任后注重产品样式的不断革新和企业管理水平的提升，他勇于开拓，大胆改革了厂里原工资制度，打破“大锅饭”和平均主义，极大地调动了职工的工作积极性，实现了生产能力的大幅度提升和生产效益的不断提高。

从 1979 年到 1989 年，到底有多少归侨进了华侨城管辖的这几十家大小企业？数字是变动的。可以肯定的一点是，当时从广东省 20 多个华侨农场中的确招来了不少年

深圳特区华侨城建设指挥部成立大会于 1985 年 11 月 11 日召开

轻的归侨及侨眷。华侨城批准成立9个多月后，即1986年8月26日，就召开了第一次归国华侨代表大会，125名归侨代表出席了大会。华侨城侨联也因此成为深圳市成立较早的侨联组织，也是该集团成立最早的群团组织。到2000年，华侨城归侨及侨眷人数达到了最高峰共2284人，26个企业成立了侨联，是深圳市最大的基层侨联组织。在这26个侨联组织中，归侨企业人数最多的莫过于光明华侨电子厂，1983年该厂职工1400人，其中归侨、侨眷人数占到了40%。

回望历史会发现，在2000年以前，广大归侨在华侨城集团各个企业都发挥了较好的作用。他们中大部分是企业的中层管理员和生产第一线的工人。这些在20世纪60年代随着父母归国的年轻人，在国外曾目睹华人受到各种不公正的待遇，因此他们更有一颗感恩祖国、报效国家的心。此外，他们当时也是从各个农场近10万名职工中“优中选优”来的，十个里面也挑不了一个，所以他们非常珍惜来特区工作的机会，吊儿郎当的几乎没有。在他们中间涌现了许多优秀分子，如：沙河华侨企业总公司职工医院的副院长柯圣福，越南归侨，职工群众都反映他工作兢兢业业，精益求精，深受患者的好评；光明华侨毛织厂工人杨发英，是一位名副其实的生产能手，连续三年超额完成指标；光明华侨家具厂车间主任陆荣合，印尼归侨，对产品质量把关严，使该厂家私在香港市场很快赢得信誉，连续两年他被集团公司党委评为“优秀共产党员”；光明华侨电子厂二车间生产线线长谢顺娇，印尼归侨，她处处起带头作用，被评为厂先进生产者，曾光荣出席广东省召开的省表彰先进归侨大会。

走进华侨城，你会发现它的路名很特别，诸如汕头街、开平街、恩平街、潮州西街、文昌街、兴隆西街、福清街等，让人一头雾水，他们之间扯不上任何关系啊，不禁想知道，为何取这样的名字？最后也没得到权威的说法，有人说估计与此地归侨多有关系吧，这里是深圳有名的“侨乡”呢。

仔细看去，确实有些不同。比如中新街社区的福清街，它和华侨城很多街道一样，街面不宽，虽是双行车道，却都只能容纳一辆车通行。它是住在西组团的人们出行的主要通道。1996 年的一天，人们看到临街的枕荔楼一楼有家酒楼开张了，几个红色的大字特别醒目：印尼海鲜酒楼。那一天，酒楼的灯火似乎也特别明亮，照得街道上的行人个个脸色都是红红的。

民以食为天。加上家属，在聚集了数千归侨和侨眷的华侨城产生一个“印尼海鲜酒楼”真是太正常不过了。没有才不正常。

酒楼不是一天冒出的。1990年初，在光明华侨电子厂工作的职工们惊喜地发现离他们工厂不远处有家门店在卖印尼小食：串肉、黄姜饭、加多加多等，不仅价格便宜，而且味道正宗。

印尼海鲜酒楼刚开业时的背景墙，客人们都争相与美丽的印尼姑娘合影

消息传出，不大的华侨城很快就人尽皆知，一时这个只有8平方米的小店生意火爆得令人吃惊，忙坏了老板罗新贵、陈卓君夫妻俩。眼看上门来吃饭的人越来越多，小店实在容纳不下，两人商议得选址另开间大的。几经周折，他们下狠心选了华侨城福清街枕荔楼一楼，面积约1500平方米，就单个门面来说，当时这在华侨城可算是大手笔了，尤其他们是个人独资。债务在身，罗新贵夫妇诚惶诚恳，一心只在菜品的色香味和服务水平上做文章，尽量让顾客吃得满意下次再来。没有辜负罗新贵夫妇的期望，很

快这里成了华侨城地面最热闹的食府。无论是早上的早茶，还是午晚餐，都是宾客盈门，拖家带口的、呼朋唤友的、慕名而来的，吃过的还想再吃，没吃过的更想领略下东南亚菜品的风味。

应该说，罗新贵是一位很有眼光和闯劲的归侨。他与别的归侨不同，踏上祖国大地的那一天，他还在妈妈肚子里。他的父母亲虽然都是在印尼出生的华人，但母亲的祖辈有印尼血统，所以，罗新贵皮肤有些深，乍一看就与本地人有些不同。他们夫妻本是光明华侨电子厂的员工，后来罗新贵辞工出来做餐饮生意，也是下了很大决心的。

“印尼海鲜酒楼”员工最多时有上百位，钟莉萍是最早来的那一批。她母亲也是印尼归侨，算起来她是印尼侨眷，来印尼酒楼工作正合适，只是她没想到自己这一干就是 24 年，当年她还那么年轻。她说她目睹了这个店的成长过程，很佩服老板夫妻的良苦用心。当年为了购买正宗的原材料如“黄姜粉”“椰粉”等，老板都是亲力亲为，一早就去香港购货，很少从其他渠道进货，怕不正宗。更让她佩服的是“阿婆”也就是老板罗新贵的妈妈，开始那几年，她每天都是早上 3 点多就起床，到厨房亲自做千层糕、帽子糕、印尼粽等糕点。她还亲自带徒弟，教他们如何做出咖喱鸡、巴东牛肉、串烧沙爹等印尼菜肴。阿婆长得高高大大，一身“纱笼”，慈眉善目，做起事来一点都不含糊，大家都受她的感染，很敬重她，每个人都尽心尽力地做好自己的事。

印尼海鲜酒楼虽然只是一个普普通通的酒楼，但它以其特别的“芳香”留在了华侨城无数人的记忆中。如今，沙河街道办事处“90 后”协管员黄新盈还对酒楼有些什么好吃的菜如数家珍，“那个印尼粽小小的，里面的馅有种特别的味道，它其实就是印尼的香料，反正就是好吃。”长相甜美的她也是侨眷，母亲是越南归侨。用小黄的话说，她是吃印尼海鲜酒楼的饭长大的，每天的早餐都是到酒楼开的专门卖早点和快餐的窗口去买一个印尼粽或千层糕，边走边吃去上学，住在西组团的孩子们差不多也都是和她

在沙河华侨城出生长大的孩子，他们中很多是归侨子弟，右四为黄新盈

一样。周末去酒楼喝早茶也成了她的日常生活。

虽然这家店生意曾经好到一位难求，甚至巩俐、孙红雷等大明星也曾光临酒楼，但他们没有忘记自己的初衷，始终保持它的亲和力和便民性。大堂外另开的小窗口，虽只卖些简单价廉的食物，但周围的街坊需要它，即使赚不了几个钱，也认真去做。这大概也是罗新贵生意做得成功的一个要诀吧。

如今已是印尼海鲜酒楼负责人的钟莉萍，当听说此地不少归侨侨眷还念念不忘酒楼做的“印尼粽”时，连连说，“我们还做，我们还做。一定不能把自己的特色丢掉。”

给华侨城增添了侨乡文化特色的，还有一个民间成立的文化团体，叫“印尼舞蹈队”，他们的故事也是值得大书特书的。这支舞蹈队的成员以印尼归侨为多，后来也加入了不少马来西亚等其他国家的归侨，他们的节目也多是东南亚特色的民族歌舞。

2020年8月26日是个难忘的日子，这天，深圳经济特区成立40周年。上午11点，在中新街社区西组团住宅区10栋门前，一位个头不高、面色黝黑的老人正慢悠悠地走在路上。有人上前拦住他，请问11栋在哪里？他止步，热情地指点。来人又问他：您是归侨吗？

“是啊。”他点点头。

问话人脸上露出惊喜，进一步向前：“听说 90 年代中，这里很热闹，晚上不少归侨聚集在 11 栋前后唱歌跳舞。有这回事吗？”

“是的。这里地方大一点，有空地。但不是晚上，是下午。”

“您唱过吗？”

“唱过，我会唱很多印尼歌。”说着他摘下口罩，应要求唱起了印尼经典歌曲“美丽的梭罗河”：美丽的梭罗河，我为你歌唱！你的光荣历史，我永远记在心上。旱季来临，你轻轻流淌，雨季时波涛滚滚，你流向远方。你的源泉来自梭罗，万重山送你一路前往，滚滚的波涛流向远方，一直流入海洋……”

年近 80 岁的印尼归侨郭荣华老人

他的嗓音低沉，但音质纯厚，有一种说不出的情感。唱完歌，他向素昧平生的人讲起了自己的人生经历：他叫梁远逵，是1960年9月回国的，来自印尼。那年他才13岁，眼看两个姐姐都跟着同学们一起回国，他也嚷着要回来。回国后，先在福建读了4年书，后来就到了英德华侨农场。在农场什么农活都学会做，包括烧矿，因为他有这方面的经验。1984年调来深圳，在兴华拉链厂烧锅炉。“八几年我们拉链厂生产的铜、铝、铁、尼龙、塑料等各种拉链200多种，百分之七十都销到美国、加拿大、东南亚等国家……”说起过去，他滔滔不绝，一脸自豪。

干了15年，每天工作8小时。长期在高温环境下工作，身体吃不消了，犯胃出血做了手术，加上心脏也不太好，后来就提前3年退了休。

他继续说，1995年前后，他们中间已有人开始陆陆续续退休在家，孩子也慢慢大了，有些时间消遣了，一帮归侨便聚集在一起聊聊天、唱唱歌、回忆回忆过去的岁月。刚开始只有几个人唱，后来人就多起来了，有人还从家里带来小乐器与小喇叭，自弹自唱。

“你参加了吗？”

他摇摇头。不知是不是不好意思，还是不停顿的叙说增加了他的压力，他的脸膛显得更黑了。

后来事情的发展出现了转机，归侨们的自发弹唱引起了沙河街道办事处的重视，街道计生办叶瑞珠主任也是印尼归侨，她向有关领导进行了汇报，干脆成立一支队伍吧，活跃一下归侨和周围居民的业余生活也好。得到支持后，队伍很快成立起来。报名的人很多，还要经过精挑细选。梁远逵虽然爱唱歌，心有所动，但认为自己身体不够好，没有报名加入，只是当了一名忠实的观众。

沙河街道办事处一直都非常重视这支队伍的建设，加上大家热情都很高，每周勤学苦练两三次，很快就在区内打响。歌舞队队长叶瑞珠回忆说，他们第一次表演就是在康佳集团庆祝“三八”妇女节。表演很成功，大家很高兴。这20多年，他们一次次代表沙河街道“出征”，拿回无数奖项，市区媒体多次以“深圳有支印尼舞蹈队”为题来进行专门报道。他们还前往全省多个华侨农场演出，名声传得越来越广，区外的一些归侨也慕名而来，要求加入这支队伍。

时间流逝得快，当年50多岁能歌善舞的归侨们现在年龄大部分都在70岁以上，到外面参加演出的活动少了，但他们仍然还活跃在社区的舞台上，每年都为周围的老归侨、老街坊奉献出一个个精彩的节目。1942年出生的叶瑞珠大姐已退到幕后做指导联络工作，但她的老伴郭荣华年近80岁了，还一直能唱能跳，每次演出，他和他的同伴们都赢得了观众们热情的掌声。

说起往事，梁远逵谈话的兴致分毫不减，他说，华侨城的归侨如今很多都老了，我今年 73 岁，还算年轻的。这 10 栋、11 栋以前住的都是归侨，因为没有电梯，很多老归侨搬走了，但他们还经常会回来看看，有感情啊。我在这里住了 36 年了，不会搬其他地方了。现在退休工资有 7000 多，身体也还过得去。虽然 13 岁就离开父母，30 多年才回印尼看一眼，回去时父母亲都已过世，但不后悔回中国。

能来到深圳华侨城工作、退休，很幸运。他点点头，最后说道。

一直活跃在舞台的沙河街道印尼舞蹈队

与特区一起成长

——印尼归侨林本吉的“名牌”人生

说起林本吉，在 20 世纪八九十年代的华侨城几乎无人不知，无人不晓，归侨更不必说。究其知名度高的原因，首先是他的外貌。身高仅只 1.61 米的他，皮肤油黑发亮，眉毛也浓黑，黑眉下的一对眼神更是黑亮黑亮。虽然黑，整个人看上去显得可精神，从里到外都透出一股精明和机灵。再配上那一件件花色不一却四季不离身的格子衫，穿在他身上特别与众不同。如果他开口说话，会让初次与他打交道的人莫名其妙，这是什么话？怎么像一个外国人说汉语？是的，他是一个归侨，1961 年从印度尼西亚（以下简称“印尼”）归国。与其他归侨不同的是，他回国时已经在那片国土上待了 22 年，故他讲话印尼口音很重。

都说人老了会变得沉默，不爱说话，可林本吉现在81岁了，还是那么健谈，笑声爽朗。他高兴起来嘿嘿笑着的时候一点都不像年近古稀的人，可以想象他年轻时该是多么活泼热情。也许正是因为他开朗的性格，当年才被印尼东加里蔓丹侨团组织的侨领相中，要他与另一人带着800名华侨归国。

后来他坦陈，其实回国的动力除了外部环境的变化外，还有一个重要原因，就是他爱上了一个漂亮的华人女孩。女孩是福建福清人，名叫林秀兰，他们年龄虽然相差只有几岁，却是师生关系，林本吉教她外文。当得知她的父母不久将带着全家人回中国的消息后，他的心里像打翻了五味瓶，说不出的难受。“不行。我也得回国。”想明白这点，他把想法首先透露给了三姐，算起来他跟这个姐姐最贴心。前面两个姐姐都结婚嫁人了，只有这个姐姐一直带着他们这些弟妹。三姐一听直摇头，说爸爸妈妈肯定不同意。果然。家里人一片反对声，尤其是母亲，一听说这事就开始掉眼泪。这位早年生活在法国、当年也是被长得高大漂亮的林玉来吸引而漂洋过海来到印度尼西亚的中国女子，虽然年轻时也曾浪漫多情，虽然生下了13个孩子，其中6个男孩、7个女孩，此时却反对她的第8个孩子林本吉远离父母亲人。因为这个孩子特别懂事，小小年纪就会去外面“找钱”，为家庭减轻负担，那阵她在医院生下三胞胎，也是他每天给自己送饭。

如今已是80多岁老人的林本吉仍然记得当年母亲用双手捏起纱笼（一种印尼服装）去揩擦泪水的情景。他当时很不理解母亲，摊着双手对母亲说：妈，你看我们有这么多兄妹，全部都待在一起不一定好，有一个两个离开或者生活在中国不是也很好吗？你还可以来中国。现在印尼对华人不好，说不定以后更不好，你们都要回中国。见母亲仍然泪流不止，他狠了狠心，跺跺脚说：如果有第二次排华，也许他就再没有机会回国，而他是一定要回的。

不幸被他言中。他们那次回国是1961年3月，后来几年印尼社会排华情况越发严重，祖国再也无法派去船只接华侨们归国了。见儿子去意已定，母亲韩蓝英不再阻止，虽然她心中仍然不舍。她从身上掏出一个金戒指，对他说：“既然这样，那也没有办法。我什么东西都没有给你，就只有这个戒指，万一哪天你找了对象，成了家，就把这个给她，算是我的一点心意。”母亲还说了一句话，这句话让他记住了一辈子，母亲说你将去的是一个新的地方、新的国家，你一定要做一个对这个国家有用的人。

母亲的话使他心情十分激动，冲动之下他想都没想，就回答母亲说：妈妈你放心，我如果回中国后不成人，没有名牌（指名声），我不会回来见你们。我肯定是拿了牌才回来见你们。

林本吉没想到，自己这句近乎赌气的话竟变成了活生生的现实。29 年过去，他才第一次回到印尼探亲。从飞机上下来，看到三姐还有几个弟弟妹妹围了上来，他第一句话就是：爸妈呢？家里人吞吞吐吐地告诉他，父母亲其实早就不在了，在他走后没几年就先后离世了。他一拍腿：“哎呀，你们怎么不说啊？起码应在信里说一声啊。”他在中印复交后第一时间买票回来，还以为能看到父母亲呢。家人继续和他解释，是怕你伤心，怕你出什么事，才不敢和你说的。他拍了拍脑袋，这事确实也不能全怪姐姐和兄妹。相隔千山万水，除了让他伤心又有什么用呢？最小的妹妹还告诉他，家人在清理母亲的遗物时，一打开她的枕头，发现下面全是林本吉的照片。照片已变得模模糊糊，那是母亲的泪水浸湿而成。

听到这里，他的泪水再也忍不住。过去这些年他很少或者说是不愿回忆过去，母亲的那双泪眼始终印在他的心头。他记得那一大，1961 年 3 月的那一天，真的要离家了，母亲的眼睛一直盯着他看，他真是不忍直视这双眼睛。便去看父亲，父亲这些天始终沉默不语，他想得到父亲一句两句的叮咛。父亲终于开口说话，他没想到父亲会讲出这样的话：“记好了，你千万不要去台湾，台湾不好。你要么去中国，要么去香港。”台湾是父亲的故乡，为何不好？年轻的他不敢问。父亲家教甚严，他知道该问的问，不该问的就别张嘴。这些年他谨遵父嘱，一直没有踏上过台湾岛。对于他自己的出生地——印尼最大岛屿东加里蔓丹，他却永远也不会忘记，他在这里生活了 22 年。

22 岁，对很多年轻人来说，还是一个相当稚嫩的年龄，可对林本吉而言，他早已是父母的得力助手。在他的记忆里，他八九岁就开始四处“找钱”。怎么找？他记得自己做得最多的一件事就是每天早早地起床，撒开双脚丫帮人拿菜拿点心到集市卖，以换取些许零钱，用来买早餐、书和笔。中晚餐吃的饭也从来不是硬实饱满的那种，而是绵绵的，比稀饭强不了多少，其实就是米放少了的缘故。但也只能天天闭着眼睛吃。至于下饭的菜就是木薯叶、苦瓜叶或香蕉的蕊煮了拌酱油吃，顿顿都是。不是父母心狠，对于一个有着 15 口人而且只有父亲一个人工作的家庭来说，要生存，该多么难，需要未成年的孩子早早走上社会去谋生。“我没有童年。”这句话从一个80多岁的老人嘴里说出来，格外让人惊心。童年的印痕已深深地刻在了他的心底。

林本吉离开父母亲人只身回到中国。到汕头后，他并没有觉得多么孤独和不适，不仅因为在他的身边有年轻漂亮的女友，更是因为这800名归侨中大部分是侨生，还有每顿都能吃上结实饱满的大米饭，这种腹间饱暖的感觉真是太好了。他分出大部分心思安慰这些刚离开父母家人、因饮食不习惯和想家等闹情绪不吃饭的学生，劝他们说：国家正在遭受自然灾害，6亿人都没有饱饭吃，没有衣服穿，可共产党和毛主席还是决定把我们接回来，没有哪个国家能做到，只有中国。与同胞们比，我们的生活已是很幸福的了。因为国家无论怎么困难，对归侨的供应还是正常的，不会挨饿。这些学生似信非信地望着这位曾经教过他们的年轻的老师，他讲的似乎有几分道理，如果再哭闹或消沉下去也没多大意思，便一个个地收起了泪。

林本吉没有像绝大多数侨生那样去各个华侨补习学校去读书，他与其他200多人一道被直接分配到了惠来县大南山华侨农场。两年后又转去了台山县海晏华侨农场，这是一个新成立的农场。1963年初，为了扩大归侨的安置量，中侨委决定在当时佛山专区的台山县创办农场。建场前，这是一片滩涂湿地，生长着一望无边的红树林。此地虽然依山傍海，自然环境优美，但要在这片滩涂上建立家园，其艰苦程度可想而知。首先是筑海堤、挖渠道、修建安置房和道路等。1964 年 2 月，省侨委从大南山农场抽调 100 名干部组成先遣队，林本吉在名单之中。眼前的荒凉景象让初来乍到的他们吓了一跳，好在那是一个敢想敢干的年代，台山县从各公社动员了 5000 多民工，一场声势浩大的筑堤挖渠工程开始了。在林本吉的记忆里，就是没日没夜地干活。到 1964 年底，一条长达 7 公里的海堤巍然屹立在人们面前，虽然它只是用滩涂泥构筑而成，毕竟把汹涌的海水挡在了外面。然后是漂亮的住宅区、办公房、公共食堂、卫生所、幼儿所，林本吉的女儿很快就成了幼儿所小小班的“学生”。

“要想在这里开垦种稻子，得先种水草以改善土壤。”在农场工作生活了 19 年的林本吉，还记得刚来农场时当地百姓对他说的这句话。他开始不太明白这句话的真正含义，直到 5 年过去，土壤改造过程基本完成后，他才了然于心。在开头这 5 年，他与大家一样从事体力劳动，工具就是一根扁担、两个箩筐、一把锄头，当地人形象地把它称之为——“1007”。后来农场领导见他心眼灵活、与人打交道的能力强，便把他抽出来跟一个叫“黄连英”的工程师学施工管理。十几年时间，他从每天抬木头开始，一步步成了一名“质检员”，负责农田基本建设和工程管理的技术人员。正如他自己开玩笑说，他是“社会大学”毕业的，什么东西都是在社会上靠自己慢慢摸索学来的，有时还要偷偷摸摸地学。原来他的老师虽然人很好，技术也过硬，但不善于表达，所以他还要有“眼到、手到、心到”的本领。

1980 年调入深圳后，他被安排在沙河华侨企业公司的“基建办”工作，参与了当时东组团、西组团荔枝苑知青楼、光华街石头房及康佳厂房、华侨城小学、中旅学院等这批早期建筑的建设管理工作。1983 年被抽调到市里参与全国第一高楼“国贸大厦”的建设工作。那两个月时间，他见识了什么叫深圳速度。所谓“三天一层楼”完全是靠硬干、靠实干干出来的。为了赶时间，国贸大厦采取了千人大兵团作战方式，人不够，从全市各个单位抽，甚至从省外抽调人员，设备也是采用最先进的进口设备。虽然林本吉只在里面干了两个月的活，但让他体验到了那种“争分夺秒”。林本吉介绍，像他这样的技术员也全部实行“三班倒”，24 小时都有人在岗，工人们更是放弃了全部休息时间，日夜奋战。为了奖励工人，工资上采取了“多干多给”“上不封顶”的奖励政策。他的工作就是在现场监督倒水泥、捣钢筋的工作质量，杜绝偷工减料现象发生，实际上工人们很自觉，很少有返工现象发生。“他们都感到光荣和自豪，因为全国第一座高楼就要通过他们的手建成了，哪里会不注意质量呢？他们人都很朴实。”

林本吉坦言，刚来那阵子他日子很不好过，思想上还发生过动摇。主要是条件太艰苦了，住茅棚不说，一下雨房间里就被水“围堵”。工资只有 83.5 元，比农场高不了多少，可他每餐要吃 1 斤米，也不敢买肉鱼等荤菜吃，抽烟是 8 分钱一包的“经济”牌香烟，后来觉得这样便宜的烟实在拿不出手，干脆不抽了。但即使这样，每个月也剩不了多少钱寄回家，农场还有 2 个孩子要养活。还有一样令他烦心的事，就是工作场所周边基本没有任何生活设施，买张邮票还要到白石洲，而那时用邮票的机会还很多，因为联系家里主要靠写信。这时有两个人对他产生了积极的影响。第一个是当时国务院侨办派来进驻光明华侨电子厂并任厂长的罗振辉，外人都称之为罗处长，来深圳前的职务是国务院侨办直属企业——“中国华建公司”的副总经理，也是马来西亚归侨。刚开始，林本吉不知道罗振辉的归侨身份，其实罗振辉的父亲罗带是马来西亚著名华侨领袖，因家境贫困才12岁就被卖到马来西亚做童工，后来经商成功，投身革命，在日本人的大牢关押了一年。罗振辉继承父志参加了革命，为了躲避敌人的追捕于1948年离开归国。

1981年2月被国务院侨办派往深圳进驻沙河光明华侨电子厂的罗振辉可谓是临危受命。此时的光明华侨电子厂已开业一年多时间，由于该厂是全国第一家合资兴办的电子厂，双方都派有管理人员，在日常的生产管理工作中因观念差异出现了一些矛盾和问题。此时，中央主管领导提出：合资企业是新生事物，我们要善于同国际资本打交道，要派强一点的干部下去抓，一定要办好几个合资项目，不断总结经验，完善立法。使命在身的罗振辉进厂后，首先从改善中外关系入手，坚持以经济效益为中心、且平等互利的原则，取得了港资人员的信任，合作出现了良好局面，1981年全年实现总产值1672.49万元，比1980年增长463.6%。

就是这个做工作很讲究方法的罗厂长对林本吉说：老林，你不要走，你不要只看到特区现在的一副乱摊子，你要看到特区明天的沥青水泥路。特区的明天肯定特别美好。你回去干什么？你是一个归侨啊！望着语重心长的罗处长，林本吉无言以对。尤其是在交谈中知道罗处长也是像他一样的归侨后，他更加觉得惭愧。

第二个人就是他的老婆林秀兰。她写信来说，你不要想到还回农场，你临走前说过一句话，“好马不吃回头草”，你可不要忘了。林本吉一拍脑袋，是喔，当年农场硬是不肯放他走，是他软磨硬泡了近一个月才肯放人的。自己确实是好不容易才来了深圳的，怎么一有点困难就想打退堂鼓呢？为什么他就没有罗处长的那种眼光呢？都是归侨。想到这里，他不觉脸红心跳。就这样，他留了下来。而对罗处长这个人，虽然其两年多后就离开了深圳，之后再也不曾见到，但一直记得，后来听说是在国务院侨办副司长位上退的休。“一个好人啊。”林本吉念念有词地说。

决定留在特区继续奋斗的林本吉再没有萌生过去意，他后来去了手袋厂，担任副厂长职务。华侨城建设指挥部成立后，参与筹备华侨城房地产公司，后来任公司经营部业务主管。1986 年 8 月 26 日，华侨城建设指挥部决定成立侨联并召开第一次归国华侨代表大会，这既是该部成立的第一个群团组织，也是深圳市成立最早的基层侨联组织。林本吉作为代表参加了这次会议。1989 年 6 月 18 日，华侨城建设指挥部召开第二次侨联代表大会，林本吉当选为侨联副主席。为何会选自己？林本吉笑称，

出席深圳市第三次归侨侨眷代表大会

大家公认他虽无内才却有“外才”，也就是心眼灵活，善于与外界打交道。当年，他带领侨联部分代表去香港访问，当时这在华侨城的侨界可是一件不得了的事，让归侨们津津乐道。4 年多过去，在 1993 年 11 月 7 日召开的第三次侨联代表大会上，林本吉再次高票当选为侨联常务副主席，专职负责整个华侨城侨联的日常工作。在华侨城集团工作的 10 多年时间里，他做得最多的一项工作就是推动侨务政策的落实，包括给大家分房子，到省里争取归侨入户指标，给个别归侨及侨眷介绍工作等。到后来，甚至有个别归侨 30 多岁了找不到对象也来向他求助。他声称，违反原则的事情不干，但其他工作和生活上的事只要能帮到忙，他都会尽力而为。有人笑称他是“归侨们的娘家人”。

在对外的联络宣传上，林本吉的工作也可圈可点。他参与了华侨城很多外事接待，尤其是来自东南亚各国领导人的接待，对外积极宣传华侨城的建设和所取得的成就，鼓励华侨来中国投资经商，这点也得到了集团领导的高度认可。在1998年的一次侨联工作会议上，集团董事长任克雷对即将退休的林本吉各方面工作给予了高度评价，尤其称赞他："对外联络工作花了不少心思，很好地宣传了华侨城。"林本吉说，对任董事长的夸奖他实在不敢当，不过是把1989年创刊的《华侨城通讯》发到每个来访的嘉宾手上，让他们了解华侨城、关心华侨城，来华侨城投资创业而已。

正是他的这副热心肠，让林本吉渐渐成了华侨城的"名人"一个，从1987年12月他被南头选区选为深圳市市区第一届人民代表大会代表算起，在不到10年的时间内，各种社会职务及荣耀找上门来：1991年4月，经深圳市第一届人民代表大会常务委员会第二次会议决定，任命他为深圳市人大常委会侨务工作委员会委员；1992年因在侨务工作中成绩突出，被深圳市侨办及侨联授予"先进个人"称号；

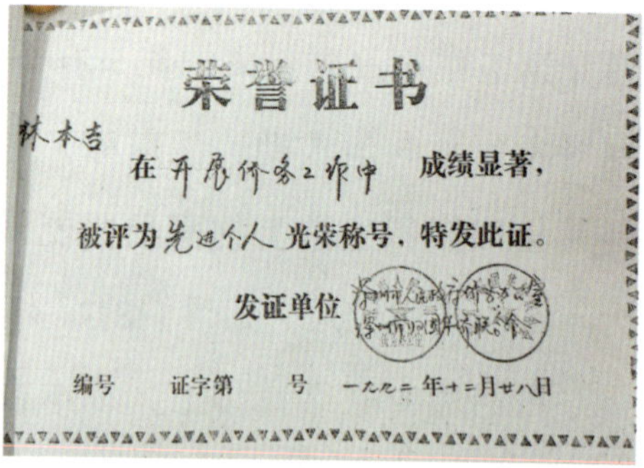

获奖证书之一

1993年加入致公党，第二年即被致公党深圳委员会评为1994年度先进党员；1997年元月被选为深圳市南山区第一届政协委员；2008年12月广东省侨联给他颁发荣誉证书，以此表彰他为广大归侨侨眷和海外侨胞服务。2012年4月17日，在林本吉退休14年后，深圳市委统战部副部长、深圳市侨联主席孔爱玲一行还赴南山华侨城林本吉家中探望了他及家人，称赞他在侨务工作中所做出的贡献。2014年深圳电视台对他进行了人物专访，介绍他的事迹，后来在文旅综合频道进行了播出，引起较大反响。此外，作为文艺爱好人士，他还是以印尼歌舞而闻名深圳的南山沙河街道印尼舞蹈队以及乐队的最早的队员，也是该队最重要的成员之一，即使退休了，始终热心参加各项演出活动；2012年，在大南山华侨农场成立52周年之际，他与旅深印尼归侨黄清保等人积极筹备了深圳市大南山华侨农场旅外侨乡亲友联谊会，为侨乡亲友搭建了一个聚会联谊、增进友谊的平台，市侨联主席孔爱玲、副主席莫静璇出席了该成立大会。

林本吉真的像当年他对母亲许诺所说的那样，拿到了不少“名牌”，但这不是靠运气得来的，与他几十年努力辛勤工作分不开。如今虽然已过80岁，他仍会经常出门溜达，只见他眼戴一副墨镜，手持拐杖，稳稳地行

2012年4月，退休后仍不忘为侨乡亲友搭建平台，图为与时任深圳市侨联主席孔爱玲（右三）等领导合影。

走在沙河华侨城的大街小巷上。不时有人停下来，喊他“林叔好”，或朝他点头致意。“你好。”他也礼貌地回应对方。问他认识他们吗？他说大部分认识，也有只是面熟的。一次，有个戴帽子的人大声地对他打招呼：“林副主席，健康长寿！”这次，林本吉停了下来，认真地打量对方：“你是……啊想起来了，想起来了。”对方脱掉帽子，露出花白的头发，眼睛笑成了一条缝：“林主席，当初幸好没有回去吧？不然亏大了。你看现在这里多好！”说着朝燕晗山、生态广场的方向一挥手，潇洒地离去。

虽是冬季，不远处的燕晗山公园仍然露出隐隐的绿意，沙河人爱它，把它称为城市的“绿肺”，因为它常年不断地向四面八方散发沁人心脾的气息。山下的生态广场从来都是热闹的，人们在这里蹁跹起舞，舞者多为

夫妻俩参加社区活动

鹤发童颜的老人。

“那当然。”林本吉对着他的背影咕噜道。这个“当然”，指的是他当年肯定不会回去，还是回去了肯定会后悔，只有他本人知道了。

天色向晚，林本吉坐上了“486”，几站之外，是他温暖的小家。带大了几个孙子外孙的他虽然已四世同堂，但仍坚持和夫人林秀兰住一套独立的房，过二人世界的生活，而且连钟点工也不请，什么家务都是自己动手做。“人长有一双手，能动还是自己来吧。”这是他的看法。他真是一个有思想、有个性的人。

月是故乡明

——“全国归侨侨眷先进个人”刘国麟成长记

“如果你能把生命交给党安排，那你就入党。如果做不到，你就继续努力……”无论时间过去多久，刘国麟都记得当年他的入党介绍人许高对他说过的这番话。

那是 1966 年 12 月，广东省英德华侨农场。小屋里虽只有一盏煤油灯，在刘国麟眼里它仿佛被注入了某种神秘的光，明亮得很。他第一次听到有人对自己说出如此庄重严肃、让人心头滚烫的话。他感到，自己胸膛里的那颗心“咚咚”地狠跳起来。刘国麟下意识地伸出手掌，想扪住这心跳声，他怕说话的人能听出他的紧张。很快他又觉得不妥，把手放回到膝盖上。

事后刘国麟想，他肯定回答了这个问题，而且肯定地回答说“我能”。至于为什么？这个问题不用质疑。因为刘国麟知道，无论什么时候、什么人来问他，自己都是这个回答。在他的脑海里，没有其他的答案。

一切都得从40年前说起。

广东梅县乃广东省著名侨乡。在20世纪二三十年代因国破民苦，“下南洋”潮兴起，不少年轻后生离乡背井去海外寻找生机。刘国麟的父亲刘淡华也在父母的安排下，跟随外婆家的一位吴姓远亲从梅县的松口镇上船，过大埔，到惠州，转香港，再搭乘远渡南洋的大船。1904年出生在梅县一个农民家庭的刘淡华，在家中排行老二，上面除了大哥，还有4个弟妹。家贫，读书采取的是“今天你，明天他”的轮流制，纵然如此，也只读到二年级便辍学回家。凭着这点文化到印尼，刘淡华自然干不了其他活，只能寄住在吴姓远亲家，当伙夫，烧火做饭。两年后，刘淡华开始出去独立门户，向人学着做点零碎生意。运气不错，遇到一个非常讲义气的福建老乡，任他赊账拿货到市场售卖，渐渐存下些本钱，盘下一个小店。不几年，刘淡华奉父母之命回国成婚，随后将妻子带到印尼生活。因不懂得如何避孕，这对年轻的夫妇在10多年间竟相继生下了12个孩子。这些生在异域他乡的孩子，因奶水不够，加上看顾不周，竟大多夭亡，只余 3 个存活下来。1940 年最后一个孩子降生，产妇因难产大流血而死。36 岁的刘淡华忍痛将妻子掩埋，亲自将 10 岁的女儿带回故乡交给母亲抚养，自己仍出海回到印尼。再过一年，18 岁的少女黄和云又被刘淡华的父母经由“水客”送到印尼，刚经丧妻损子之痛的刘淡华无奈又成为丈夫，他们又一连生下 6 个孩子。1946 年 2 月，第三个孩子呱呱落地，他便是刘国麟。

刘国麟出生在印尼龙目岛。此岛位于印尼巴厘岛的东面，天气晴朗彼此可以相互遥望。岛不大，从东到西 76 公里，从南到北 54 公里。岛上有印尼第二大高山，高达 3776 米，还常有火山爆发，土地肥沃，最有名的出产有黄牛、大米、花生、椰干、木薯等。刘国麟一家人就生活在半山腰一个名叫“古邦”的小镇上。

小镇仅十来户华人。刘淡华未想到小自己十几岁的妻子黄和云虽然连名字也不会写，语言能力却很强，几年下来，学会了说一口流利的印尼话。在苦水中长大的她，又特别体恤穷苦人，所以很快和当地穷困的土人打成一片。这些土人就喜欢到刘家的店里来买东西，也因此，有几年他们家的生意还算过得去。

虽然如此，由于子女众多，加上刘淡华又坚守一条——子女一定要读书，有文化，所以家里的日子依然是仅够衣食，没有多余的闲钱。刘国麟自懂事起，常看到的一幕就是父亲向一个经营汽车油站的伯伯借钱，虽然那个伯伯是他熟悉的，也非常喜欢幼小的刘国麟，但这一幕还是深深地影响了他的世界观和人生观：求人很难，很难。

刘国麟的第一笔学费也是借来的。也许被父亲的艰难所动，他读书非常用功，考 100 分是常事。虽然 6 岁多就离开父母到“玛华小学”上学，他却自己洗衣服，照顾自己。他很倔强，不求人。家里穷，没有零花钱，小朋友在他面前炫耀，甚至打他，最初他不敢还手，到后来慢慢反抗，反而不再挨打。在父亲和老师的教导下，小小的刘国麟右手写字，左手打算盘，一双亮晶晶的眼珠子左睃右看，显得十分聪明可爱。刘淡华很喜爱这个儿子。

如果没有 1950 年代末开始兴起至 1960 年代中达到顶点的印尼“排华”事件，刘国麟的人生将与今日完全不同。镇上的学校只读了 4 年多就被当地政府封了，不久军人驻扎进来，这下急坏了刘淡华：他的儿子不能没有书读。于是设法转到离家 60 公里的“籍华小学”继续读一年。小学毕业后，又送到港口城市安班澜的“龙中中学”读了两年零三个月的初中。不久，这所学校也被强令关停，刘国麟姐弟无学可上，不得已回到家中。不久，家里又遭遇“抢店”，刘国麟亲眼见到自己家里的店被一群当地人围住，门被砸坏了，东西被抢光了，一家人愁眉苦脸地望着面目全非的家。

眼看生意做不成，只得关店。可关店后吃什么？这时刘淡华就想着要回国。一是该继续完成刘国麟姐弟俩的学业，不能再耽误下去了。二是他认为自己作为一名中国人，始终还是要回去。他跟家里人经常唠叨的一句话是，“死也要把骨头埋到家乡去。”得知他们想回国，刘淡华在南非当中华商会主席的最小的弟弟写信来劝他们慎重考虑，是不是到其他国家看看。可刘淡华认定了要回中国，说苦就苦，在自己的国家起码也是安全的。不久家里为每个人做了一个柚木箱，每人买了几身换洗的衣服。刘淡华决定让刘国麟与姐姐先期回国，他送姐弟俩到泗水上船。泗水是刘国麟第二次来，之前父亲曾带他经巴厘岛到此来看哥哥，还曾到巴厘岛停留一晚，他记得那晚到中华商会办的影剧院看了电影《董存瑞》，之前刘国麟还看过电影《祖国的花朵》，在学校也时常可以看到《中国画报》，这些润物细无声的教育都给他以后的人生打上了浓浓的底色。

对每位归侨来说，离开自己的出生国，回到自己的祖国去，是一件悲喜交加的事，尤其是父母亲还不能一同启程。刘国麟和姐姐坐上了3000吨级名叫“大宝安”的货轮回国，告别时，父子仨都流下了热泪。父亲安慰姐弟俩说，一旦有船家里人很快就回来。可一直等到第二年，父亲才带着家人回到祖国，最后在梅州蕉岭华侨农场安家落户。

1960年10月21日，刘国麟姐弟在广州黄埔港上岸，很快安排就读位于暨南大学隔壁的“广州归国华侨学生中等补习学校”，两人分在同一班。刚回国，有些生活习惯还不适应，刘国麟记得，他们这些在东南亚国家生活了十几年的归侨孩子们都有一个共同的爱好，就是喜欢吃甜食，而眼下国家正值三年困难时期，“糖”太金贵了。但情况还是反映上去了，不久，这些归侨学生每人都收到了一斤“片糖”和一包“稻草饼”。当时那份惊喜和感动永远留在了他的记忆里。在2019年沙河街道办事处开展的庆祝新中国成立70周年的一个活动中，73岁的刘国麟作为归侨代表接受采访，回忆刚回国在广州上学的日子他眼含泪光，声音哽咽，说：今天很多人不知道稻草饼是什么，可在60年代初，它真的比金子还贵重，拿到手里，沉甸甸的。祖国对我们这些归侨学子真的太好了。

在该校读书的三年多时间里，有两个人对刘国麟影

1960 年 10 月，坐“大宝安”号货轮回国

回国即入读“广州归国华侨学生中等补习学校”(前排左二)

响最大，一位是该校校长陈子广。陈校长早在1928年就加入中国共产党，曾旁听过党的第七次全国代表大会，新中国成立后，历任江西南昌市公安局局长、广东省华侨事务委员会副主席、广东省侨委办公室副主任等职。这位老共产党员把这个有2000多名归侨学生的学校管理得井井有条，尤其是“红色革命传统教育”开展得有声有色。他不仅自己带头讲共产党人的故事，还请来了专门的“说书人”，将《红岩》的故事用动听的粤语讲给这些年轻的海外归侨学子们听。当“说书人”在台上讲到“江姐”如何英勇就义时，台下响起一片抽泣声，那是满操场坐着听的学生们发出来的。身处其中的刘国麟和同学们一样，心灵受到强烈的震撼，泪水冲洗出了一个崭新的灵魂。

第二个人是他们班的政治辅导员，名叫翁惠。这位性格温和、做思想工作很有一套的女老师，也给刘国麟留下了深刻的印象。正是在她的帮助下，1962年5月他加入了团组织。共青团员的身份，让他的精神有了一种高度的自觉，他意识到自己的思想与刚回国时完全不一样了，如今他是一位真正的中国人，自己的命运已与祖国的命运紧紧联系在一起。

读书期间，刘国麟和他的同学们在学校的组织下，广泛地深入社会，接受教育，去得最多的地方是广州郊区一个叫“棠下”的生产大队——1958 年 4 月，毛泽东主席曾到此视察。在棠下，刘国麟和同学们下田劳动，住的是仓库，睡的是稻草，吃的是粗粝的米饭，可不觉得辛苦。受过各种教育的他们已懂得，比起那血雨腥风的年代，这一切根本就不能算苦。

1964 年的夏天，刘国麟高中毕业了。这三年多，他因聪明好学、思想纯朴、热情向上而给老师和同学们留下了极好的印象，此时国家号召广大青年上山下乡，刘国麟躺在床上思来想去，渐渐打定了主意。所以，当学校的教务处洪主任找到他，说考虑他年龄小，个头也不高，校方准备安排他去做一名小学教师，或者到工厂去当一名学徒工时，刘国麟婉言谢绝了校方的好意。

1964 年 9 月 13 日，刘国麟来到了拥有一万多人的“英德华侨农场”，他成了知识青年——那个年代最具时代标签、也最为引人注目的人物。同来的这批 108 位知青中，就有后来成为他妻子的王玉兰等人，她也是印尼归侨，他们当年竟是坐同一艘船回国的，只是那时彼此不相识。

到农场，说是知青，实际上与农民无异，干的都是农活、重活、苦活，肚子还吃不饱。但此时的刘国麟对党和人民的事业抱着满腔的热忱，他积极投身到农场的

1964年9月,"上山下乡"来到英德华侨农场(第三排右五)

各项生产活动中去，虚心向老农工学习农活技艺，不久就成了插秧能手，一天能插一亩多田。他以实际行动"向雷锋同志学习"，每个月从15元工资补贴里拿出3元来偷偷帮助身边有困难的同事。那时的3元钱，数目少，可非常管用。他的所作所为渐渐吸引了党组织的目光。1966年12月，刘国麟对着党旗庄严承诺：愿意把生命交给党安排。只有20周岁的刘国麟就这样成了一名光荣的共产党员。到了1970年代，农场提出抓经济作物，刘国麟被委以重任，担任茶场的团委书记，他带着几百名团员日夜奋战，种下了万亩茶园。他还进行"采茶试验"，反复摸索，终于实现了整个作业区生产队每人每年都能采摘茶叶一万斤的目标，成为省"万斤采茶队"

的宣传典型。在味精厂工作期间，他又在如何提高产量上动起脑筋，成功培育出了“高产谷氨酸单纳发酵菌种”，使味精生产中的发酵工艺周期从 28 ～ 33 小时变为 18 ～ 22 小时，引起业界关注。在韶山召开的全国味精工业第四协作区第二次交流会上，刘国麟作了经验发言。就这样，在农场工作 15 年，他从最基层的记录员、记分员开始干起，后来慢慢当上了组长、作业区党支部书记、茶场团委书记、味精厂厂长等，到 1977 年 7 月，刘国麟成了英德华侨农场最年轻的正科级干部。

刘国麟不怕苦、肯钻研的精神早被省华侨农场管理局的领导看在眼里，1979 年初，有领导打起了他的“主意”，问他愿不愿意去深圳，说那里正在搞经济特区试点，需要大量的人才。刘国麟一听高兴地回答道：去，当然去。“深圳很艰苦呢，连青菜都没得吃，你要考虑清楚。”这还要考虑吗？对刘国麟来说，他关心的是国家大事，虽处偏僻农场，也时刻关注国家建设，有没有青菜吃，这种小问题完全不在他的考虑范围内。再说，在农场待了近 20 年的他也不相信领导说的话，如果说粮食有点紧张他或许还相信，怎么可能没青菜吃呢？是不是领导为考验他故意这样说的？事实证明，领导并没有骗他。他来到深圳后，有段时间青菜真的很匮乏。深圳对此很重视，发现是因为水的缘故，后来很快就解决了这个问题。这再次验证了刘国麟的信念。不知从何时开始，他坚信一点，凡是中国共产党人认定要做的事，就一定能做成。所以他也十分看好国家正在如火如荼进行的改革开放，很希望能投身到这一具有划时代意义的行动中来。

就这样，1979 年 12 月，刘国麟正式调到了省华侨农场管理局旗下的省沙河华侨企业公司，他很自豪，自己是进入该公司的第 14 名国家干部。

1980 年的深圳华侨城还不叫现在这个名字，人们都称它为“沙河农场”，由省华侨企业公司行政代管。刘国麟来到这里一看，呵，遍地是蚝田、稻田，还有小山岗和小树林。后面三个是他再熟悉不过的景象，只是蚝田，还比较新鲜。他被任命了，职务是“光明洗衣厂厂长”。厂子还未开业，领导安排他协助基建办建厂房，刘国麟二话不说忙开了，每天量地、量山头、迁坟。这个活没有太多技术含量，就是脚不停步，与人磨嘴皮。一年不到，他穿烂了两双解放牌黄胶鞋，人也瘦了一圈，显得更瘦小了，却不妨碍他成为“人来熟”，因为他走遍了这里的每一寸土地，跟很多人打交道。后面开始建房子，这对他来说是个技术活，没干过。为了尽快熟悉业务，他诚恳地拜一位懂行的新同事“曹工”为师，每天提前半小时来工地学习：材料怎样摆放才合理？工程怎么验收？质量如何把握？在他和同事们的努力下，厂房建设十分顺利。不久，洗衣厂厂房建好了，设备也就位了，可出现了一个新问题，深圳市开始重视环境保护工作，将红树林等地确定为“自然保护区”，工厂开工要过环保这一关，首先必须完善污水处理设施，否则不得开业。作为投资方的香港老板经盘算一番后打了退堂鼓，不干了。洗衣厂当时被沙河企业公司的人称为“老五篇”（另外4个为光明华侨电子厂、汽车修配厂、毛织厂和家私厂）之一，它的撤资无疑打击了人们的信心。加上当时成立才两年的最大合资企业光明华侨电子厂经营遇到困难，亏损严重，一时各种言论都来了，最难听的莫过于：“沙河华侨企业公司的那帮人哪里懂什么招商引资？他们都是从农场来的，只会种草。市里还是收回这块地，统一规划、统一建设为好。”

听到这番话的刘国麟同大家一样心里不是滋味，他最怕被人说“没文化”。可难受归难受，更重要的是要以行动来证明，他们虽然是从农场来的，但在国家政策指引下，一样可以做好经济工作。那几年，凭着年轻，他感到浑身有使不完的劲，白天上班，晚上自学，把休息时间压缩到最低。他的职务也一年一变，从最开始的“光明洗衣厂厂长”到经理办公室副主任、兼“沙河织唛厂”厂长，然后又被派往刚开业的深圳湾大酒店任驻店经理。在赴港学习的那个月时间里，他扑下身子，眼听手记，回来后即把学习来的知识融于实践。深圳湾大酒店的开业当时轰动了整个亚洲，也因此成为早期深圳的重要地标。为了搞好配套服务，酒店还开了一个450平方米的临时商场，建设只耗时18天，开业仅25天就净赚了28万。这个业绩震惊了所有人。酒店方为感谢刘国麟的付出，派人给他办公室装了一台空调。站在空调下，刘国麟伸出了手，他想试试这清凉凉的一股风是怎么吹来的，他心里美滋滋的，这可是华侨城这块地面上装的第一台空调。直到此时，刘国麟胸腔里悬着的那颗心才真正放下来。他觉得没有辜负组织上对他的期望，他不仅是种田种茶能手，也能在特区做生意，为国家赚外汇。

正是在深圳湾大酒店卓有成效的工作，让他脱颖而出。1984年8月，省沙河华侨企业公司成立党委，实行政企分开，他当选为公司党委书记。那一年他才38岁，真可谓春风得意马蹄疾。他暗暗地对自己说：淡定，淡定，不许骄傲！很快他又投身到组建华侨城建设指挥部的各项筹备工作中去。

1985年初，刘国麟的人生面临一次新的选择。省外事办了解到刘国麟懂印尼语，之前一直在深圳大学夜大自学“英语”专业，有一定的外语素质，决定派他前往所罗门群岛工作，任合资企业董事长兼总经理。这时有人劝他：别走了，按你的职位，再干几年肯定是一位副局级干部。可刘国麟不这样想，既然组织上看上了他，他就不应该“撂挑子”，当初入党时的誓言再次浮现在他的脑海。再说，他也想到外面的世界去闯一闯，增长见识和才干。在所罗门群岛工作的3年多时间，刘国麟出色地完成了上级交给他的工作任务，得到了省外事办的高度评价。

1989年夏，刘国麟回到深圳，这时有人想调他到市有关部门工作，他婉言谢绝了，说：还是继续留在华侨城吧。他对这块地方有感情！就这样，于1985年11月成立的华侨城集团迎来了一个熟悉而又陌生的干部。熟悉是因为在华侨城建设指挥部他是“最老”的员工之一，他组织和参与了5年前的筹备工作；陌生是因为他毕竟离开了几年。经过在海外的历练，此时的刘国麟更成熟了。他到华侨城建设指挥部的第一个职务是“企管部副经理”，不久，副经理转正成了经理。

20世纪80年代到90年代那10年对于深圳来说，是一个飞速发展的阶段，华侨城也不例外。速度快，淘汰也快。随着工业的不断发展，产业结构与经济结构方面存在的问题开始显现，到1994年底，华侨城已有电子、纺织、家私等20多个行业的工业企业55家，其中绝大部分是规模小、效益差的中小企业。1995年，华侨城正式提出“抓大放小、扶强促优、集中发展优势产业”的方针，作为执行该方针的责任部门、企管部经理身份的刘国麟再次走上风口浪尖。“要大踏步前进，必须轻装上路。”这是领导层的决定，也是他自己的认识。刘国麟一班人开始狠心对自己的企业“动刀子”：该盘活的、有前景的注入新鲜血液；没有活力甚至已半死不活的干脆让它“寿终正寝”；潜力大、竞争性强的就大力发展。用了3年多时间，分门别类地对这些企业进行清理整顿，共整合企业40多家、盘活资产量达9000余万元、上千名职员转岗。刘国麟感慨地说，“处理”一个企业比开办一个企业难得多，主要涉及企业的债权债务处理和员工的妥善安排问题，很考验人的智慧。该项工作的顺利完成，为华侨城重点培育消费类电子、房地产业和旅游业等三大支柱产业打下了坚实基础。他也因此赢得了“踏实能干”的称号，1992年2月，他成了集团公司的主任助理，一直干到2000年，是任期时间最长的一位助理。1994年12月，他当选为中国共产党深圳特区华侨城第一届党委委员，任期6年。

刘国麟身上还有一个特殊的职务，作为印尼归侨的他，早在1993年就是华侨城侨联副主席，2000年再次兼任华侨城第四届侨联的唯一的副主席，直到2006年卸任。他在任内，实现了每年都为归侨及侨眷办两三件实事、开展三四次有影响力的联谊活动这一目标。

2000年的春节，是一个特别让人充满期待的节日，刘国麟离退休还有6年时间，他心里盘算着可以稍微松口气了。可正当大家为新千年的到来而欢欣鼓舞时，任克雷董事长亲自找他谈话，让他到康佳集团股份有限公司去任党委副书记兼纪委书记和工会主席，具体先管一家经营遇到困难的直属企业。刘国麟一听傻眼了，谁都知道时下的康佳集团俨然是块“硬骨头”，他想推辞，却开不了口，最后从嘴里吐出的话还是两个字：“好吧。”

2001年5月，刘国麟才正式到集团“坐班”，他没想到这年底，康佳集团出现了6.9亿元的严重亏损，如果2002年继续亏损下去，将被“ST”。刘国麟知道，如果真出现这种局面，将对整个华侨城集团带来不可估量的影响。望着一脸沉重的集团老领导，他决心找出问题的根源。后来他自我总结，之所以能成功打开阻碍康佳集团股份有限公司发展的“淤结”，得益于他多年研读毛泽东主席的《矛盾论》和《实践论》，这两本书由于翻书频率太多，角都被磨破了，但他仍舍不得以旧换新。刘国麟采取的第一步是找人谈话，了解具体情况。他从最基层的技术员谈起。不谈不知道，一谈吓一跳。有个工程师在他办公室哭泣着给他下跪，希望他能“救救康佳”。俗话说男儿膝下有黄金，更何况还是为公家的事呢，刘国麟被深深地触动了。他思考了三天三夜，建议康佳集团以抓班子建设、“支部建在连上”、“三个代表”主题教育活动等为契机，在集团上下大力整顿干部职工的思想作风和工作作风，整个2002年，就是“凝心聚力求生存”的艰难的一年。在大家的共同努力下，当年实现扭亏为盈，给股民一个大大的惊喜。刘国麟没有为眼前的成绩而自满，为使这个大型国企永葆活力，他认为还必须紧抓源头，提出要进一步加强集团党的组织建设，完善各项工作制度，加快企业法制化、规范化、制度化的建设步伐，得到了集团党委的高度重视。2006年7月，在刘国麟的倡导下，康佳集团股份有限公司组织党员开展“重走长征路”活动，有641名党员报名参加该项活动，刘国麟亲自带队，历时30天，徒步262公里，完成这一壮举。该项活动的开展，给党员干部的思想深处带来了极大的震动。当最后到达目的地时，他们一群人激动地拥抱在一起。

2006 年 7 月，刘国麟带领康佳集团股份有限公司的 641 名中共党员“重走长征路”

在康佳集团工作的 6 年多岁月，给刘国麟的人生画上了一个圆满的句号。2004 年，他被推选为“全国归侨侨眷先进个人”，对于一名普通的归侨来说，这是荣誉的巅峰。2007 年，已过退休年龄的刘国麟正式退休，康佳集团专门为他在深圳湾大酒店举行隆重欢送仪式。那一晚，刘国麟的双手被无数人的手紧紧相握，过后整整一周时间，他的手臂仍感到酸痛不已。他笑称，这是一种“幸福的疼痛”，刘国麟的眼前总是晃动那一张张激动的面孔，这一张张笑脸，才是他最看重、最为欣慰的人生礼物。

退休了。刘国麟终于有了时间回望来时路：从 1960 年 10 月到 2007 年 10 月，整整 47 年，他从一个一无所有的归国青年，到一名忠诚的共产党员、能干的企业党委书记，他的成长之路离不开党的培养，也离不开他个人的奋力拼搏。他贡献自己的聪明才智，也收获了众多荣誉，且来看看他来深圳后这些年取得的成绩：

1994 年至 1998 年，连续 4 年被华侨城党委评为“优秀共产党员”；1998 年 4 月，当选为深圳市南山区第三届人大代表；1999 年至 2000 年，被中共华侨城集团公司委员会评为“优秀党务工作者”；2004 年 6 月，被国

2004 年 8 月，被国务院侨务办公室、中华全国归国华侨联合会评为“全国归侨侨眷先进个人”（图为颁奖现场）

务院侨务办公室、中华全国归国华侨联合会评为“全国归侨侨眷先进个人”；2004年6月，被国务院国有资产监督管理委员会党委评为“优秀党务工作者”……

“人世几回伤往事，山石依旧枕江流”，时代不同了，已退休10多年的刘国麟对往事一点都不伤感，只有无尽地怀念，怀念那激情燃烧的岁月，怀念已故的父母妻子，怀念所有帮助他、让他感动、令他难忘的领导和同事们。

大雁归来

——缅甸归侨李军、李小菱父女的多彩人生

父女俩

在缅甸与我国云南省贡山县之间，横亘着一座海拔4000多米的高山，叫“担当力卡山”。李小菱记得，当年她的父亲李军曾指着这座山峰对她说，翻过这座山，就到了中国。李小菱看到父亲说出“中国”二字时双眼饱含柔情，脸上浮现出一丝久违的笑容。

这是1962年8月的一天，一架从缅甸仰光飞来的飞机降落在昆明巫家坝机场。从飞机上走下来一家人，他们是李军、夏惠美夫妇以及他们的5个孩子。最小的儿子李友峰才1岁多，在姥姥怀里抱着，最大的女儿李小菱10岁，紧随在姥姥身后。从李小菱记事起，慈祥的姥姥就一直跟着他们一家生活，他们五姐弟都是在姥姥的看顾下长大的。

李小菱一家人几乎是“包机”回来的，同行者寥寥无几。对这次近乎“奢侈”的旅行，他们其实没有做好准备。一

回国之前，与母亲的合影（后排右一）

个月前，中共党员、缅甸《人民报》总编李军决定举家回国。1962年国家正处经济困难时期，他们把家里的东西全部打包。所以那次回国，给李小菱的印象就是带回来的东西特别多，大包小箱的有10多个，其中光妈妈夏惠美治哮喘病的药就装了一小箱。让她记忆犹新的还有各色各样做得宽宽大大的裙子。原来缅甸海关有规定——衣服可以带回，而布料是禁止的。这些裙子回国后很快就被拆开来重新做成其他的衣服，有些物品则一直用到李小菱结婚生子，如那床用百家布做的小薄被。还有一条毛毯，它陪伴和见证了李小菱辗转在北京和新疆生活近20年的岁月，如今50多年过去，她也舍不得扔掉，还整整齐齐地叠好放在家里。

1920年出生在广东潮州的李军是家里唯一的孩子。父亲做药材生意，常年来往缅甸。生意做得较顺手的时候，便把年幼的儿子带到身边。所以李军从小就十分熟悉缅甸的风土人情，视缅甸仰光为第二故乡。1937年抗日战争爆发，当时东南亚不少爱国青年华侨克服种种困难回国参加抗战。1939年，受进步思想影响的李军，瞒着家人，揣着200块大洋从缅甸归来。在昆明短暂休整时差点被国民党特务逮捕，后前往重庆八路军办事处，一路上可谓千辛万苦、险象环生。经党组织询问、鉴别后，不久被送往延安。在“安吴堡青训班”集中学习一年，安排进了延安税务局工作，1942 年加入中国共产党，参加了延安整风运动。由于李军曾经到教会学校读书，懂英文，过后工作有所调整，直到抗战胜利。1945 年日本投降，鉴于当时形势的复杂性，经有关部门同意，当年 11 月份他与其他 4 名同志一道复员回缅甸。此去吉凶难料，可他们没有犹豫，到缅后先求生存，再谋发展。入缅初期，李军等人做过酒廊里的伙计、餐厅的会计，后来在广大华侨的支持下，他们于 1947 年元旦成功创办了《人民旬刊》。当年 7 月 18 日，《人民旬刊》正式更名为《人民报》（日报）出版。李军全程参加了该报的筹备工作，并负责内部事务，之后以“华区记者”身份开展工作。

《人民报》开办之初最主要的问题是经费不足，他们采取“集资认股”的方式筹措资金。为了尽快扩大报纸的影响，他们一班人晚上赶写稿件，白天上街卖报，吃住都在窄小的编辑部，有时甚至睡在办公桌上。即使这样，还是入不敷出。为渡过难关，报社工作人员依靠缅甸进步组织广泛发动爱国侨领及文化界和工商界人士，积极捐款，甚至举办公演为报社募捐。新中国成立后，报纸内容和版面大为充实和改观，其地位和声望也逐步攀升，报纸发行量由一两千份提高到了四五千份，成了名副其实的缅华日报。《人民报》在缅发行19年，始终坚持正确的政治方向，致力于宣传中缅友好，倡导爱国抗日，反对内战，向缅甸华侨传递国内信息，是缅甸华侨进步力量的舆论阵地，对推动中缅两国政府于1950年6月8日正式建立外交关系、使缅甸成为最早承认新中国的非社会主义国家等都产生了积极的影响。

男大当婚。后来经介绍，李军认识了出生在缅甸、小自己10岁的夏惠美。夏惠美在靠近云南一个名叫“摩谷”的山区出生长大，父亲为当地华人，母亲当年由广东新会逃难来缅甸。三四十年代的缅甸华侨社会充满了爱国抗日的主流声音，对年轻的夏惠美产生了积极影响，加上在华人学校任职的她与其表嫂、共产党员李秋萍老师过从甚密，思想日益变得进步。1949年8月，夏惠美加入了缅甸华侨共产党。认识李军后，很倾慕他的才华与智慧，共同的理想将两颗年轻的心紧紧相连在一起。

曾在延安这个革命熔炉里锤炼过的李军，非常富有斗争经验。一次两个年轻人相约在离他住处不远的一街头面馆吃面，细心的李军发现有缅甸的国民党特务“盯”上了他的住处，便机智地带着夏惠美离开，连点好的面条也来不及吃。后来成功撤离该处，转移到偏僻的乡下。为遮人耳目，还做起了卖酒生意。1951年，情投意合的两人经组织批准，正式结为革命伴侣。1952 年 3 月，他们有了第一个女儿——李小菱，后来又生下了 3 个女儿和 1 个儿子。

如果不是突然变故，李小菱一家人不会匆忙回国，因为离 1961 年 1 月周恩来总理和陈毅副总理访问缅甸还未过去多久。正是在这次访问中，李军作为侨领受到了两位总理的亲切接见。而此时的李小菱已经在“缅甸仰光甘白烟岱小学”读到四年级，有很多一起玩的小伙伴，她从未想过会离开缅甸。几十年过去，她还记得童年的一切，那儿的大米粒大颗圆，香糯好吃，气候也温暖，冬天不用像北京一样穿厚重的棉衣。她在缅甸的童年生活无疑是幸福的，父母亲为他们营造了一个良好的成长环境。然而，在海关过关的经历，打破了她关于

1961 年 1 月，周恩来总理、陈毅副总理访问缅甸，李军受到了两位总理的接见

缅甸的美好幻想。谁也想不到，过关时，他们的父亲遭到了阻拦，不予放行。两个小时过去了，母亲脸上的神色越来越沉重，父亲告诉母亲，做好思想准备，万一他被海关扣留，她要带孩子们和姥姥先行回国。全家人都屏心静气地等待着。命运就是这么奇妙，当时为难李军的海关人员，在想找他的相关上级请示时，发现无论如何也找不到军政府的这位关键人——据说是下乡了。通讯不发达反而帮了李军的忙，来送行的领事馆和商会的朋友们见机积极行动，多方斡旋，最后他们还是无奈放行了。当父亲向家人走来的那一刻，大家都非常激动，全家人拥抱在一起。

这一人生片段在只有10岁的李小菱身上打下了深深的烙印，让她从一个只知玩乐的小女孩突然变得懂事，原来人所拥有的东西是可以失去的，包括最亲的人。人是有“祖国”的，而且对他们一家人而言，不仅仅只是纸面上的两个大字，是内心祈愿抵达的温馨家园。她记得，当时他们一家人只想着飞机快点起飞，快点飞回到山那边的故土。飞机起飞的那一刻，李小菱和妹妹高兴地在机舱里跳起来，可父亲阻止了她们，让她们老老实实地坐着不动。

从1939年主动归国参加抗战，到1945年重返缅甸，再到1962年又一次归来，多少如烟往事，历历近在眼前。虽与祖国分离17年，可心无时无刻不在牵挂着，再次踏上国土的那一刻，李军眼睛红了，心中百感丛生。两次回国的第一站都是在云南昆明，令他对这个花开四季、温暖如春的城市产生了一丝说不出的亲切感。正是这种感觉，1971年，51岁的李军向组织申请回云南工作，这是他自参加革命工作来第一次向组织开口。主要还是身体原因，多年在缅甸生活使他更习惯待在气候温暖的地方。他最后在“云南省侨办副主任”位上退休，一直生活在春城，直到2004年去世。

李小菱一家回国后，经过短暂的停留，即前往北京。父亲被安排进了“中央华侨事务委员会”，母亲则在中侨委的机关幼儿园工作。为表彰李军20多年所做出的贡献，1962年国庆节他受邀参加了国庆观礼活动，还获准带几个孩子上观礼台观看“国庆烟花表演”，此事成了李小菱一生中最难忘的回忆。其时她在“王大人胡同小学”读小学，1965年，进入“北京市中国人民大学附中”686班读初中。1969年1月，初中毕业的李小菱告别家人，和同班的其他9个女生一道登上了开往陕西省富平县的列车，此行他们的目的地是：延安专区宜川县云岩公社。

17岁不到的李小菱追寻她父亲当年的足迹来到延安，

1969年10月，插队到延安专区宜川县（前排左一）

这是她的选择，也是时代的召唤。虽然这是她第一次离开父母、离开家，但对革命圣地的向往在她心里占了上风。她觉得，相比其他同学，她更应该来延安，因为这是父亲早年学习和工作过的地方，她曾多次听父亲提起。她们有5个女生直接下到了西廻大队，来自同一学校的高中班的5个男生也插队到此，正好10个人，都住在当地老百姓养牛的窑洞里。在两个月的时间里，这批刚出学堂的姑娘小伙学会了掏窑洞、推板车、赶毛驴驮水、蒸发糕、擀面条、种菜等，还学会了如何在衣服里面捉虱子、在床褥下洒“六六六”粉灭跳蚤。在陕北，水实在是太金贵了，要从山沟里用毛驴驮到“塬”上。许多习惯都要慢慢改变，以适应新的生活环境。比如刷牙，从每天一次降到每周一次，后来基本停止了。

三年多的知青生活让李小菱学到了许多课堂学不到的东西，也让她永远记住了朴实善良的延安人民。她忘不了，那一次，几个男知青正在掏窑洞，她在外面推车，突然有村民大声地朝他们疾呼：“快跑出来，快点！”里面干活的人听到喊声撒腿就跑，刚跑出洞口没多远，“噗”的一声，窑洞塌下来了。望着这堆新鲜的黄土，全部人都傻眼了。等反应过来忙向那位村民道谢时，只见他一动不动地望着倒塌的窑洞说:“我一直看你们干活，就觉得它有点不对劲。还好，没出事。”

比起上次父亲在缅甸海关差点被“拦截”，这一次的“死里逃生”更是给她和知青们上了真正的一课。那惊天动地的一瞬间，好似给这些在红旗下长大的年轻人心里开了一个小小的“洞天”，他们体悟到了当年父辈们为何要选择延安来开辟新的革命根据地。这些世世代代生活在此的老百姓，内心实在是太纯朴了。恶劣的自然环境“擦亮”了他们的眼睛，使他们在当年能拿出大无畏的勇气支持中国共产党在这里扎下深深的根，让延安成为当时阴云密布的中国天空中“最闪亮的一颗星星”。

如今全国解放15年了，很多地方的条件都得到了改善，可延安的山还是那个山，老百姓依然缺水用，眼前这一孔孔冬暖夏凉的窑洞，还都要靠人力去一揪揪挖掘，流了多少汗水不说，有时甚至要付出生命的代价。可他们不喊苦，也不觉得苦，对待知青就像对待家里的孩子一样，手把手地教，不让他们饿着冷着，还留神他们的举动，怕他们出意外，这种朴实的情感让这些知青们感动不已。当晚，李小菱和她的同学们都迫不及待地提笔给家里人写信，此刻，除了向亲人诉说，稚嫩的心还一时承担不了这样的“生死时速”，这太刺激他们小小的心脏了。无疑，这次经历让他们成长，也让他们看世界、看人生有了不同的境界和高度。

李小菱还记得，1970年的春节是他们“上山下乡”后的第一个春节，离家已整整一年，他们十分想念家人，经过三天三夜的“折腾”，好不容易才回到北京。15天后，该返程了，每人凑了10元钱，买了一部缝纫机带回延安。乡亲们围着这台缝纫机看了又看，摸了又摸。在他们看来，衣服从来都是要用手一针一线缝织，可现在用脚踩一踩，一顿饭的功夫，一件衣服就成了，这真是太神奇了。那台缝纫机自是做了大用，平常缝缝补补不说，他们还用它来为自己和乡亲们做背心和衬衫。那些用棉花换来的棉布做成的衣服，虽然不好看，可穿在身上特别舒服。

不久，大学开始招收工农兵学员，李小菱没想到，自己会被推荐上大学。1972 年 5 月，她离开了给她留下无数美好回忆的延安，重回课堂，入读清华大学绵阳分校的“半导体器件”专业。1973 年，她因表现优异被吸收进入党组织，成了一名年轻的共产党员。父母亲很为女儿的成长高兴，父亲笑呵呵地说，“小菱是我们李家第一个大学生，还是党员大学生。”自豪之情溢于言表。此时，她的二妹插队到了东北，三妹、四妹插队到了云南，只有最小的弟弟李友峰在父母身边。1975 年底，李小菱大学毕业，她申请支边，到了新疆乌鲁木齐的“半导体器件厂”工作。在这个军工企业里，她认识了同样支边到新疆的丈夫肖辉洪，印尼归侨，1960 年由雅加达回国。这对年轻的归侨夫妇十分恩爱，在远离父母、远离家乡的地方成了家，很快有了儿子，那是 1979 年，中国的改革开放刚刚起步。

很多人的命运会在 20 世纪 70 年代末、80 年代初发生改变。那是一个重文化、重知识的年代，李小菱的简历神奇般地飞到了遥远的南国——深圳。这一切，又与她的父亲扯上了关系。随着 1979 年深圳市、深圳经济特区等宣告成立，在紧邻深圳市中心的沙河工业区平地建起了不少厂房，其中最引人注目的就是光明华侨电子厂——全国第一家电子合资企业。李小菱的父亲李军作为云南省侨联负责人来深参观，到了该厂。看到眼前这片热气腾腾的景象，想到大女儿李小菱所学的专业，他动心了。就这样，1983 年 8 月，李小菱举家南迁，从美丽的天山脚下来到气候温暖的深圳。此时她已习惯看冬天漫天飞舞的白雪,吃香到骨子里的羊肉,深圳没有冬天，也没有喷香的羊肉吃，让她吃惊的是这儿的阳光太炽热了，一站到太阳底下就大汗淋漓。

刚到深圳沙河的李小菱，还看到很多职工都住在山脚下的茅草房里，沥青毡的屋顶，房子之间的隔墙是用竹子编成的，经常有老鼠和蛇出没。这两样可都是她最害怕的生物。然而既来之，则安之，李小菱做好了住茅草房的准备，最后他们一家人分到招待所暂时住下。虽然那时的沙河只有两条公路，每天只有为数不多的几趟公交车，而且到下午 4 点半就停运了，但很快她就喜欢上了她的新单位——光明华侨电子厂，好多同事都是归侨和侨眷。他们大多来自广东各大华侨农场，很热心，肯帮助人，李小菱夫妻俩很快就和他们打成一片。半年后，她被调到沙河华侨企业公司任组织科干事，1985 年 11 月华侨城建设指挥部成立，她成了人力资源部的一名科员。此后的24年，她一直工作生活在华侨城。

这24年，李小菱多半时间在“深圳新旅毛纺织有限公司”“深圳宏华电子有限公司”和“深圳新华纺织有限公司”等中小企业分别任职副总经理，之所以派她到这些企业任职，主要是她有在新疆工作的经历和她所学的专业。现在的人也许想不到，在华侨城这样一个近4.8平方公里的土地上，曾经存在、活跃过几十上百家大中小企业，这些企业不少从有到无，其“花开花落”，代表了华侨城作为一个大型央企在改革开放的征程中不断变迁的过程，李小菱是见证者之一。在那些日子里，她与她的同事和工友们一起，流汗流泪，也欢笑过，都已成为历史的一段烟云。

让李小菱最难忘的是她在华侨城侨联工作的那段岁月。实际上，在深圳的众多大型企业中，华侨城是最早成立侨联组织的，早在1986年8月，就成立了“深圳特区华侨城归国华侨联合会”，李小菱是委员之一。2000年6月，华侨城集团公司召开第四次归侨、侨眷代表大会，李小菱当选为第四届侨联专职秘书长，5年后升任副主席兼秘书长。

换届后的集团公司侨联在党中央“维护侨益、凝聚侨心、集中侨智、发挥侨力”的16字方针指导下，在集团党委的关心与支持下，积极响应全国侨联关于“组织起来，活跃起来”的号召，利用华侨城的各种资源，开展了一系列适合归侨侨眷特点的、别开生面的文体活动，如每年在锦绣中华、世界之窗、欢乐谷等景点举办富有不同特色的“新春联欢会”；举办“康佳杯保龄球赛”等各种球赛活动；每年从侨联的经费中拿出一部分资金来慰问有困难的归侨侨眷等。上述活动有效地增进了广大归侨侨眷之间的沟通与交流，增强了他们“爱党爱国”的主人翁意识，促使广大归侨侨眷力争成为推进华侨城经济建设和社会发展的一支不可忽视的力量。李小菱也因为工作上的突出表现于 2006 年 8 月被评为“全国社区侨务工作先进个人”。这薄薄的一纸证书拿在手里没多少分量，可李小菱知道，它代表的不仅是她个人，更是无数在背后默默支持侨联工作的人们。

李小菱不会忘记，在 2006 年华侨城集团公司侨联成立 20 年的“图片字画回顾展”上，400 多名曾经在集团各个部门、公司工作的归侨们来到现场，那一道道热切寻找着的目光、那一张张饱经岁月沧桑鬓发斑白的面孔，让她内心激动，眼眶发热。她了解他们心中的感受，当初很多都还是稚童的他们随着父母家人回到祖国的怀抱，后来上学、工作，从四面八方聚集到沙河华侨城，参与各项建设，他们忘不了这一路携手走来的路，看过的风景。华侨城之所以有今天，离不开广大归侨侨眷们昨日的奋斗，国家的繁荣富强有他们的一份功劳。如今虽然老了，但岁月的画册上永远会有他们年轻的身影。

2006 年，华侨城集团公司举办侨联成立 20 周年工作回顾展，图为李小菱在向退休的老领导、老归侨介绍情况

“共产党，就是你今后的靠山”

——印尼归侨邱幼珍深情回顾过去的生活

“别害怕。不要担心。既然回到中国来，共产党，就是你今后的靠山。”

到 2021 年，家住沙河街道光侨街社区的印尼归侨邱幼珍就满 76 岁了，还清清楚楚地记得当年回国时接待人员对她说的这番话。说话的人姓关，大家都喊他“关干事”，是中侨委派下来的工作人员。邱幼珍 1965 年从厦门集美华侨学生补习学校（以下简称“集美侨校”）毕业后便再没有见过他，却依稀记得他当时的模样。

人生在世，耳旁听得最多的一句话，就是“在家靠父母，出门靠朋友”。无疑，小时候，父母就是我们的天和地。

但如果3岁就失去母亲、5岁就失去父亲，那会怎样呢？不知道，不敢想象。而邱幼珍就遭遇了这样的人生。

长到十几岁，她才知道自己原本姓陈，年仅29岁的生母在她3岁那年因生双胞胎大出血，抛下他们兄妹7人而去。不久由父亲做主，把她过继给母亲的亲妹妹做养女。从此，她七兄妹全被打散：姐姐们一个跟了外婆、一个跟了姑姑、一个跟了表姐，哥哥就是今天你家明天他家的流浪，不得不以“卖烟”糊口，而刚生下来的妹妹则被送到了马来西亚一个华人家庭。这一家人便变得七零八落，直到30年后才彼此找到。想与最小的妹妹见一面，邱幼珍曾专门到马来西亚寻访，最终见到了这位一生下来就失去母亲的孩子，此时已是一个陌生的中年妇人。

用邱幼珍的话说，她们家那时候的境况要多凄凉有多凄凉，比电影还真实，还凄惨。

谁也没想到，就是这几个没有父母养、吃百家饭、在煎熬中长大的孩子，日后竟个个事业有成、家庭幸福。比父母双全的孩子不会差，这不能不说是一种传奇。最富有传奇性的有两个人，一个是她的大哥，一个是她自己。父母双亡后，他小小年纪就背着盒子四处卖烟，碰上一位华人伯伯，看上了他的手脚勤快，资助他读书，竟一路读到了大学毕业，后来成了这家人的女婿，事业做得非常好。

邱幼珍的人生转机是从回国那一天开始的。

虽然童年不幸，在姨妈家长大的邱幼珍小小年纪就要承担洗衣、熨衣等大部分家务活，但她天性聪慧，活泼，且热爱读书。只受了两三年华文教育的她，只要有机会就去借书看，其中香港作家梁羽生的武打小说看得最多，还有国内出版的报纸、小说等，什么都看。她总说，她的语文不是老师教的，是从书本上学来的。

除了看书，她还爱游泳。她的出生地——印度尼西亚北苏门答腊岛先达地区遍布清澈的大小湖泊，其中多峇湖全世闻名。邱幼珍没有钱跟人学游泳，可她自己游着游着也就会了，而且比花钱去学的人游得更好。谁能想得到，正是因为有这个爱好，她在回国后就读的集美侨校参加学校组织的游泳比赛，多次获奖。一次还接受中新社记者采访，单纯的她不知道记者在报纸上编发了一篇文章“侨校——侨生的快乐摇篮”，还是她在印尼的大姐看到妹妹的名字出现在国内传来的报纸上，高兴得不得了，特意将报纸剪下寄给了在厦门读书的邱幼珍。这张报纸邱幼珍珍藏了很多年，可惜后来遗失了。

在20世纪五六十年代，印尼北苏门答腊先达不仅华人聚集较多，而且华人势力雄厚，市面上通行的语言是福建话，连印尼当地人都会说几句。此地有“小延安”之称，缘由是：1941年太平洋战争爆发后，马来西亚和印尼先后沦陷，在新加坡活动的一批文化名人，如郁达夫、巴人、胡愈之等乘小船来到印尼的苏门答腊岛躲避，隐居在苏西的巴耶公雾和苏东的棉兰、先达一带。其中巴人参加和领导了由“苏岛人民抗敌会”改组的“苏门答腊人民反法西斯大同盟”，并主编地下抗日刊物《前进周报》，已故的原华侨城集团公司副董事长王谦宇便是当时“大同盟”的成员之一。有这样的历史渊源，华人们自然亲近刚成立不久的新中国，每年国庆及春节，侨总、学校等单位都会举办大型庆祝活动。那时我国驻印尼大使馆与当地的华侨互动非常多，即使是像邱幼珍这样十几岁大的孩子，也敢给大使馆写信，他们不仅回信，还随信寄上印有祖国大好河山的明信片，让这些年轻人高兴不已。邱幼珍记得，有一次，大使馆还给她寄来了一双白色的芭蕾舞鞋，捧着这双鞋子，她不敢相信自己的眼睛。正是这样的氛围，50年代末开始兴起的排华浪潮，让那里的人们很多都选择回国。姨妈一家5口人自费回国，也带上了邱幼珍。“美上美”，一艘名字非常动听的轮船，把他们带回了祖国。

启程的日子是1960年11月23日。与他们一起回国的有很多进步归侨学生，在船上，她们谈论的都是回国后到哪里读书、考什么大学的事，这让还只有15岁的邱幼珍内心很向往。而她的表姐，姨妈的三个女儿已在50年代末先后回国，目前也在国内读书。她也想去读书。想去过另一种生活。

1960年12月1日，经过七天七夜的航行，船到汕头码头。只见蓝天下，一杆高高悬挂的五星红旗在微风中猎猎招展，广播里开始播出歌曲“五星红旗，迎风飘扬，胜利歌声，到处响亮……”欢迎的人群站满了码头，手中的五星红旗不断地挥舞着，形成一片红色的海洋。此情此景，深深地感染了所有回来的人，他们高举双手，嘴里大声向岸上喊道：“祖国，我回来了。”

学生中有人带头唱起了歌，所有年轻人都张开喉咙唱道：“我们是爱国的华侨学生，千里迢迢回国来学习，服从分配，坚定不移，一颗红心献给党！党指向哪里，我们就奔向哪里去！”此情此景也深深地触动了邱幼珍，她也忘情地高声歌唱。一时，歌声、泪水纷飞，激动的人群朝岸边涌去，邱幼珍紧紧扪住胸口，随着人流不由自主地加快了脚步，一种从来没有的激动心情攫住了她，使她奋不顾身地向前奔去。

接下来的几天，就是确定未来的去向，根据当时政策，在印尼读到高中的学生可以选择参加高考，有高考预备班让人补习，考分可适当降低，考不上还可以继续读书；初中生则要通过考试，大部分都可以申请留到“侨校”入读，当时全国有北京、广州、汕头和福建集美等4个华侨补习学校。当邱幼珍知道小姨不想她去读书，仍想把她带回农场时，不由伤心地哭了起来。她的泪脸引起了归侨接待处有关人员的注意，其中从中侨委派来的一位关干事把邱幼珍带到办公室，向她详细了解有关情况。当知道她实际上是一个孤儿的情况后，对她给予很大同情。对她说，不要哭，你想做什么，可以提出来。听到此话，邱幼珍马上回答说：“我想读书。一直没有读到书。”

“你爱读书啊？”他惊喜地问。邱幼珍赶紧点了点头。

根据她的情况该读初中，可学业能跟得上吗？毕竟只受过两三年华文教育。

“想读书要参加考试喔。”

见邱幼珍一直低着头，以为是吓到了她。他拍了拍她肩膀，说了本文开头的那番话。

“靠山？”根据邱幼珍的理解，就是依靠的意思，可她从小就是无依无靠，她早已知道这点。这次，她抬起了头，睁大双眼，不相信般地盯着眼前这个她喊着“关叔叔”的人。

见她满脸狐疑，关干事带她去见她的姨姨姨丈。简单地寒暄几句后，他便直奔主题，问他们幼珍是不是并非两人亲生的女儿？不是。得到确认后，又问他们，同不同意幼珍去读书？

女主人倒是回答得很快，说，去读就去读，只是读书的用费我们是不管的，一切都不管。

没想到，关干事说，这个你放心，我来找你们只是尊重你们养了她这些年，问问你们的意见。如果你们不反对她去读书，我们就来安排，一切费用不用你们负责，由政府出。

这回，邱幼珍不再怀疑关干事的话了。她内心无比感动，泪花在眼珠里滚动，她狠咽口水，不让它掉下来。从上船的那一刻起，她心里一直有点害怕，兄弟姐妹就她一个人回国，在印尼虽然大家不在一处生活，但毕竟同在一个国家，内心多少有些安慰。现在好了，她有依靠了，她的依靠就是中国共产党。

听关干事如此表态，她的姨姨和姨丈嘴上嗫嚅着，不敢说不同意她去读书的话。看得出，他们内心还是不太情愿的。

第二天，这个关干事就亲自为邱幼珍开出了入学的有关证明。不几天，她就和同学们登上了从汕头到福建集美侨校的车。整整一天过去，掌灯时分，他们的汽车终于开进了全国最美最大的侨校校园。这时，安静的校园又开始沸腾，歌声响起来了：欢迎！欢迎！欢迎你！欢迎你们来到侨校，你们一路辛苦了，欢迎你们来到侨校！

听到这热烈的歌声，邱幼珍感觉一路的疲劳立时顿消。刚下车，她突然听到有个迫切、热情的女声在人群中响起：邱幼珍哪一个？邱幼珍哪一个？

“是我。”她马上站出来，怯生生地回答说。

不知道找自己何事，她的胸口“怦怦”地猛跳起来。

喊话人热情地把她拉上前来，告诉她，学校已为她准备好了一整套生活与学习用品，接着把棉衣、被子、被套等东西交到她手上。走之前，又对她说，有什么需要，尽管讲，学校会尽量帮助解决。此话完全打消了邱幼珍的后顾之忧，她没想到，自己人未到校，学校就把东西提前准备好了。这比亲人还亲的体贴关怀，让她受宠若惊。夜晚，她躺在属于自己的小床上，心情久久不能平静。在她的记忆中，从来就没有属于自己的一间屋、一张床，没想到，回国后，竟然受到了其他同学都没有的待遇。“共产党”，她在脑海中默默地念叨着这几个字。凭她在海外 15 年的人生经历，她是完全无法理解这几个字的，但代表共产党的这批人，她有幸接触到了，他们看上去是那样亲切、友善，把她当亲人一样的关怀。还是这位关干事，后来又多次利用到学校公干的机会找到她，问她习不习惯这儿的生活，学习能否跟得上。

入学后，邱幼珍享受国家甲等助学金待遇，每月 15 元，比丙等同学多了 6 元。那时候的 6 元钱，可以办很多事了。

就是从这一天起，邱幼珍彻底离开了小姨一家人。她再也没有用过小姨家里一分钱，都是共产党养活她，她永远都记得这点。虽然如此，她仍然感激小姨和姨丈对她的养育之情，说小姨在她加入这个家庭之前已有 3 个女儿，在她之后又连生了 3 个儿子，孩子多，家务负担重，脾气有时不好、照顾不周到也是可以理解的。

虽然父母早亡，邱幼珍觉得自己后来的人生很幸运。她常说的一句话是，我命好，回到了祖国温暖的怀抱，否则命运如何，就真的不知道了。

在回忆学校这段生活时，她说自己是工作以后很多年才从书本上和人们的口中知道，原来国家在 1959 年至 1961 年这三年遭遇了严重的自然灾害，加上其他原因，日子过得都非常艰苦。上至国家领导人，下至普通人民群众，概莫能外。

让人感慨的是，祖国母亲对这些刚回国的海外游子非常关爱，克服一切困难，保证归侨学生能吃饱穿暖。那几年，在厦门华侨补校这个大集体里（最多时师生达 3000 多人），邱幼珍和她的同学们过着无忧无虑的学生生活，很少与外界发生实际联系。她回忆，那时粮食都是国家定量配给，每月 30 斤，女学生还吃不完。她们把剩下来的粮票送给需要的男同学，或者是请人拿到市场去跟农民换鸡蛋吃。学习上，她的班主任老师特别关心她，让她做语文科代表。这个老师也是归侨，对邱幼珍说，能得到这个学习机会不容易，要好好珍惜，不要太早谈恋爱。老师还隐隐约约提醒，归侨学生大部分家庭都比较好，像邱幼珍这样来自贫寒家庭还是孤儿的，太少太少，学校想重点培养她。可惜那时她年少不懂事，虽然听进去了，但还没有真正弄明白老师的意思，辜负了老师的一片心意。几十年后，邱幼珍还会在脑海里回忆起对她帮助最大的关干事和班主任老师。可惜她始终记不起老师的名字。

天桥上的合影——身后的建筑是1985年10月1日开业的深圳湾大酒店

也是在集美侨校，她认识了后来的丈夫翁志康。

翁志康也是印尼归侨，比她晚回国一个多月，也是坐“美上美”回来的。比起邱幼珍，他又是另外一番情景。

翁志康的父亲翁德秀是福建福清人，20世纪初随着亲戚去印尼谋生。他是家中独子，长得英俊潇洒，父母是终日在海上打鱼的渔民，但很早就过世。到了印尼后，读过三年书且头脑灵活的翁德秀在同乡的提携下很快在雅加达站住脚，几十年过去，最后成为一名德高望重的“侨领”（雅加达三轮车总工会的监事长）。60年代初，他把二儿子翁志康和四儿子翁志强送回国读书。

翁志康的母亲郑锡田是郑成功真正的后人，其先祖也流落到印尼。虽然是华人，却受的是荷兰文教育。受当地社会影响，家里人都是以讲荷兰和印尼语为主。回国前，翁志康甚至不会讲一句普通话，所以虽然已经21岁，仍然申请继续读书，从高一读起。就这样，和邱幼珍相遇在厦门华侨补校。由于都是印尼归侨，都是坐同一艘轮船先后回国，两人慢慢就认识了。邱幼珍语文好，可以指导他如何写作文和讲普通话，而翁志康英语和数理化都好，这点可以当她的老师，两人就在互帮互学中建立起一份特殊的感情。

1964年，翁志康高中毕业了，他和很多同学积极响应党中央关于“上山下乡建设边疆”的号召，来到海南兴隆华侨农场。他表决心的申请书还是邱幼珍帮写的。这批知青中，大多数人在海外生活较优裕，较少从事体力劳动，也没有生产方面知识，来到农场后，一切都要从头学起。翁志康虽然英语、数学都很好，由于他的“印尼”口音实在太重，与人交流还存在一定障碍，只能从事割橡胶、管胶苗等体力工作，他也任劳任怨，同样的乐观自信。其实他在印尼时就会开车、修车、打字，到了农场后，他继续发挥自己的特长，帮农场修理喷雾机、抽水机，后来又把他抽到农场的第六管区从事发电工作。农场第六管区的人都记得他，就是这个普通话仍然说得十分蹩脚的归侨老知青，带领几个小青年“鼓捣”了半年时间，1980年的大年三十，管区的家家户户全部亮灯，那一年的春节自然也就特别热闹喜气。爱“弄电”的翁志康 1982 年调来深圳时，第一个单位就是省沙河企业公司属下的安装公司。华夏艺术中心成立时，他又调到中心，用他的话说，他爱好文艺，又喜欢与电灯打交道，华夏艺术中心的工作岗位更适合他。

1975 年，全家人与从印尼来探亲的爷爷合影

比起翁志康，邱幼珍的“上山下乡”之路则相对平坦许多。1965 年她也高中毕业了，申请来到海南兴隆华侨农场，参加社会主义建设。在两人分离的这一年里，翁志康给她写来了一封又一封信，翻开他的信，她哑然失笑，偌大的一张纸就几行字，她知道，他的中文功底

还是那么差，他需要她的帮助。她不知道的是，此时的兴隆华侨农场经过十几年的建设，已发展成为全国最大的华侨农场，集聚了来自 21 个国家和地区的归难侨，生产建设取得了巨大成绩，刘少奇、周恩来、邓小平等不少国家领导人都纷纷来到农场调研视察。而农场的人口也已达到万人规模，如何抓好归侨子弟的教育工作，已变得非常重要和迫切。

从 1952 年初农场创办第一间茅草学校起，到 1965 年兴隆农场已有各小学和兴隆中学几十所学校，正是大量需要教师的时候，农场即安排思想单纯、稚气未脱的邱幼珍担任小学语文老师。她想好了，她也要“以

与同事在家中（前排右一） 摄于海南兴隆华侨农场

场为家”，为农场的建设奉献自己的青春和聪明才智。1967 年，两个相爱的年轻人结婚了。他们向当年的老归侨学习，自己上山砍竹子、伐木料、割茅草，自力更生搭建宽敞的茅草屋。次年，儿子出生。然后是女儿。十几年过去，邱幼珍成了一名深受孩子们喜欢的语文老师，她讲课生动活泼，课余时间带孩子们唱歌跳舞、做游戏、讲故事，许多家长包括她的同事，都想着争着把自己的孩子送到她的班级就读。

在党的教育关怀下成长的邱幼珍，虽然没有干出轰轰烈烈的成绩，但也无愧于教师这个光荣称号，在平凡的岗位上贡献了自己的一份力量。

1982 年，根据知青回城政策，他们夫妇俩离开海南兴隆华侨农场，正式调来华侨城工作。她做过几个月手袋厂的仓管员，后来去华侨城小学教了几年书；1986 年华侨城侨联成立，不久她被抽调，专职负责集团侨联工作；1993 年 11 月 7 日，华侨城召开第三届侨联代表大会，邱幼珍被选为秘书长。

回忆在华侨城侨联工作的日子，邱幼珍说，那正是华侨城侨联对外联络最多的时候，各级领导也非常重视侨联工作，归侨们的联谊活动很多，工作开展得很有“侨”味。

曾经的乐队

邱幼珍和翁志康从小在印尼读书长大，受到了印尼文化的熏陶，印尼民族生性乐观，热爱歌舞，唱歌跳舞是他们生活的一部分。这样的氛围使得不少华人受到影响，一个个也变得能歌善舞。眼下虽然他们回国了，邱幼珍知道，在印尼的生活经历已融入他们的生命中，为了满足广大归侨们的心愿，她便利用自己在侨联工作的机会，组织大家成立了一个乐队和歌舞队，很多乐器都是从印尼带来，比如沙锤、锣鼓、吉他、手风琴等，他们家里堆满了乐器。

那支乐队虽然只有五六个人，但渐渐“玩”出了名气，华侨城的不少商家都愿意请他们上门演奏，但他们是以自娱自乐为主，不带任何商业性质。这个乐队经常聚在一起活动，大大活跃了华侨城归侨们的业余文化生活。他们的活动足迹甚至还到了曾经工作过的海南兴隆华侨农场，即使到 2019 年，他们还自发组队到农场参与联欢活动。

对往昔生活的回忆，让邱幼珍充满了感伤与怀念之情，她说乐队的吉他手如今三个“走”了两个，再也组织不起来了，那些鼓啊锤啊也都布满了灰尘。最年轻的自己也已经 76 岁。想想那时候乐队谁未到场都是她顶上，谁的音不准或者盖过了其他人，都是她来调整。丈夫翁志康与她志同道合，两人结婚已 50 多年，如今也成了 81 岁的老人，好在身体还健康。说着，望了在一边静静听妻子说话的翁志康一眼。她说的没错，虽然比妻子大 5 岁，他却显得更健康、更有活力，此时听妻子夸自己，头一歪，露出一个十分开心的表情。

现在沙河华侨城的归侨们，一个个也都渐渐老了，很快就要被历史所淘汰啰。邱幼珍最后感慨地说。

普通人在历史中的作用也许是有限的，但如果是一个群体，即使再普通，也不会被淹没。沙河街道有个华侨城，在华侨城曾经生活过一个两三千人的归侨侨眷群体，他们为华侨城的建设和发展做出过巨大贡献。历史绝不会忘记这点。尤其是作为孤儿的邱幼珍，最深刻地体会到了党对归侨无微不至的关怀。这将永远载入党的史册中，也将永远铭记在老百姓的心中。

在华侨城侨联工作，与领导和同事们的合影（前排右一）

从电机工程师到纸包装专家

——印尼归侨程明生的人生“三部曲”

程明生是来自印度尼西亚的归侨，于 1960 年 6 月 28 日从雅加达启程回国。那一年，他已经是一个 21 岁的大小伙子了，长有一双炯炯有神的眼睛，对人总是露出一副腼腆的笑容。和他一同回国的很多都是他的同学，大家齐齐站在甲板上，对着岸上的亲人和这片生活了 20 多年的土地徐徐挥手，心中不无留恋。程明生想起父亲送自己到学校然后伤心离开的情景，心里也不好受，泪花在眼睛里闪烁。第二天，船上颠簸厉害，望着前方的茫茫大海，他一时对前途也产生茫然之感。好在二哥水生在 1957 年就回了国，大姐庆妹、大妹风英也先他两个月前回国，他们都在国内等着他呢。还有临走前父母的叮嘱，即将生产的

归国前，与母亲在一起（前排右一）

母亲爱怜地抚着他的肩膀对他说，一有机会，就回国看望他们，希望他们兄妹团结，互帮互助。明生是她即将离开自己身边的第四个孩子了，长大了的他们如今一个个都选择回国，她既高兴，又伤感，肚子里这个比明生小 21 岁的孩子也快出生了，她准备给他起名叫“满生”。生活如此艰难，不能再生了。

母亲倒是实现了诺言，只是这一天让程明生兄妹足足等了 20 多年。1984 年 6 月，得到父母亲即将回国的消息，程明生真是激动万分，他没想到双亲真的冲破种种阻力和经济压力回国了，这时中国与印尼还未正式复交。他带着还从未见过双亲面的媳妇和一双儿女匆匆赶往羊城，一见面，即把儿子国强推到母亲面前，“快来见爷爷奶奶。你的名字还是奶奶起的呐。”

当年一生下儿子，程明生就写信报告父母亲，在印尼一直受中国传统教育的他对这点很坚持，小辈的名字还是请长辈们起，会给孩子们带来好福气。母亲也不含糊，一封回信传至：就叫国强吧，希望国家富强，我们海外的人日子也会好过点。程明生完全赞同母亲的话，他的儿子便有了这样一个朗朗上口而且时代感很强的名字。让人感慨的是，正如母亲所希望的那样，60 年过去，祖国发生了天翻地覆的变化，日益走向繁荣富强。

永葆活力

而程明生本人也已满 82 岁，可看上去却红光满面，一点都不显老态。他的夫人刘淑文向人介绍说，这两年他除了耳朵稍稍有点背，身体其他方面没有任何毛病，你看他的牙齿，32颗，还完好无损，连一颗松动的都没有。此话让人好奇顿生，这里面有什么独门绝招吗？要知道人老了，牙齿好，什么都咬得动，那可真是福气。除了人人都知道的保持较好的卫生习惯外，是不是也与他从小习武有关呢？对这点，程明生很多在印尼中华中学一起读过书的高中校友都不知道，这个当年看上去文质彬彬的小伙子在小学三四年级就开始跟人练“中国功夫”，整整练了5年，最擅长的就是林冲的“花枪”和武松的“棍棒”。面对校友的诘问，程明生不好意思地笑了，他说当初之所以想学功夫，主要还是为了防身用，平常也没必要露出来啊。

程明生自己也没有想到，当初学的这套功夫并没有随着岁月的流逝而消失，他认为主要还是师傅教得好，使自己练出了扎实的基本功。2013年国庆节，深圳市侨界举办新中国成立64周年庆祝晚会，74岁的程明生再次上台表演他自编自导的拿手节目：“变脸孙悟空”。只见舞台上的程明生，咬紧牙、屏住气，一时棍飞棒舞似龙腾，刀刺枪横如虎跃，直看得人心跳加快、眼花缭乱。程明生的节目受到了满堂喝彩，他也成了当晚的风云人物。

退休后，程明生很有意思地把自己的人生归纳为三个“21年”：第一个“21年”，即1939年至1960年，这一段是他在异国他乡成长的岁月；第二个“21 年”，即 1965 年至 1986 年，他把青春年华贡献给了祖国的电力机车事业；第三个“21”年，即 1986 年至 2007 年，他在深圳经济特区再创人生新辉煌。

先讲他的第一个“21”年。

如果程明生不说，大家肯定想不到他竟是一个在苦水中泡大的孩子，求学之路异常艰难。他的父亲程壬泰 1911 年出生在广东河源县一个叫“黄村漆树坝”的小村庄，该村也是闻名于当地的华侨之乡，客家文化底蕴浓厚，居民绝大多数都姓程。程壬泰虽是家中独子，却没上过一天学，是名真正在牛背上长大的放牛娃。可怜他 9 岁失母，16 岁丧父，无奈只得跟着一位远亲的叔叔“下南洋”谋生。到达印度尼西亚后，在一个开金店的华人家庭做帮手，所幸这个华人老板张焕南也是他的同村人，有文化，曾在印尼华人小学当校长。程壬泰在张家一待就是好几年，张老板看到他老实听话、吃苦耐劳，就把最喜欢的大女儿张兰妹许给他做老婆。无父无母、孤家寡人的程壬泰没想到自己会成为这家人的女婿，过上有人关心、有人疼的日子，自然对岳父岳母感恩戴德，待妻子也是温软礼貌，从此做事更加勤勉认真。

因为父亲在学校做校长，在印尼出生长大的张兰妹读到了小学毕业，加上会说一口流利的印尼话，这个小家庭就是她对外张罗联系，程壬泰只管埋头干活，一切听从妻子主张。

1939年农历八月初六，程明生降生了，他是这个家庭的第四个孩子。他不知道他来到的这个人间正是人类社会最黑暗的时期。被荷兰统治近300年的印尼在1942年又遭到日本人的入侵，可谓雪上加霜。国家风雨飘摇，老百姓的生活更是处在水深火热之中，逢此乱世，程明生一家人的生活岌岌可危，仅靠父母对外出售自己加工成的“印尼粽”“加多加多”等勉强度日。他们一家住进了雅加达贫民窟，这间以茅草做盖、竹篾片“拼”成墙壁的房屋，就是他们的容身之地。在他之后不久，富生、海生两个弟弟也出生了，家里人口更多，生计更加艰难。这些还不算，最重要的是随时可能降临的白色恐怖。他记得，那一晚，5个日本大兵手持耀眼的刀枪闯入他家，门被踢倒了，压醒了正在一张大竹床和地板上挤着睡觉的一家人。原来日本兵正在四处搜捕“凶手”——他们的两个同伴自当天外出再不见回来，怀疑是被人杀害了。好在母亲能从容应对，一番解释。日本兵见眼前这五六个破衣乱衫、抖成一团的孩子和一对蓬头垢面的夫妻，料他们做不出什么大事，便随便东挑西翻一下走人了。

这一幕，给幼年的程明生留下了一辈子也忘不掉的印象。

让程明生难忘的还有印尼总是在下雨，他们家也就经常头上淌水、地下冒水，地面干爽的时候少，走路要紧勾脚趾头，一不小心就会摔个嘴啃泥。长到6岁多的小明生因家中一贫如洗无钱读书，便胸前挂着一小纸箱上街卖香烟去。他卖香烟不是论盒卖，而是一支一支地卖，个别时候，甚至一支烟同时卖给两个人。那是一个艰难困苦的年代，能填饱肚子就不错了，香烟毕竟还不是必需品。长大后他烟酒不沾。此外，他还卖过粽子、黄姜饭，初中一年级时当过“报童”，他的鼻子嗅满了这些食物的味道。

9岁后家里条件略好，父母终于让他走进学堂。对这个来之不易的学习机会他很珍惜，即使放学后还要走街串巷去做买卖，他的成绩在班上仍然名列前茅。怎么做到的？就是上课时眼睛眨也不眨地盯着老师，生怕漏掉一个字。1950年转到雅加达知名的百年华校新华学校，却差点因为交不起学费而止步，慈悲的叶景宗副校长看了看他申请减免学费的纸条，问了小明生几个问题，见他对答对流，便破例收下了。在程明生心目中，叶校长是他的第一个恩师。

这所完全按照新中国成立后的教学方针办学的学校，

把程明生培养成了一个德智体全面发展的优秀学生，为程明生日后的瑰丽人生打下了良好的基础，让他几十年后仍念念不忘自己的母校。他说，吃水不忘挖井人，他学习好，完全是靠老师们的悉心教导。他的物理老师石继周曾对他们说："学好数理化，走遍天下都不怕。"正是石老师的话，鼓起了他的学习兴趣，从此他爱上了"数理化"，爱上石老师的课，成绩非常出色。而石老师也非常喜欢这位学生，即使程明生初中毕业不在这所学校读书了，还会每周送一次几何题到他家里。望着老师骑自行车离去的身影，程明生暗暗发誓，一定好好学习，不辜负老师的厚爱。

课堂之余，程明生还多了一项兴趣，就是学"中国功夫"。起因是家门外不远处有一个小武术馆，里面有十几个华人子弟在练功。一打听，年轻的师傅赖泉文是广东大埔人，师从一位来自中国山东的老人，最擅长的是少林派拳术。让程明生动心的是该馆对外收费不高。他兄弟姐妹甚多，如果能学几招拳脚功夫，起码不会动不动就受外人欺侮。父母抱着试一试的态度，同意了他的请求。

师傅看了看长相斯文、话语不多的程明生一眼，摇摇头，心里想不像是一个"习武"之人。谁知程明生学一行、爱一行、钻一行，5年时间里，他每天下午一放学就去武馆练功，风雨无阻。为了增强本领，他每天早上5点多就起床，总要赶在母亲起床前练会儿功。功夫不负有心人，练到后来，棍棒可以在他手上围绕着身体不断地旋转，越转越快，最后已分不清是人在转还是棍棒在转。在这套出神入化的动作中，另一个快乐、自由、自信的“程明生”诞生了，他感觉自己既身轻如燕，又充满力量。对此他十分感恩师傅，让他增长了一个终身也不会忘记的本领；他感谢与他一起切磋技艺的大师兄罗通亮，虽然大师兄最擅长的是拳脚和七节鞭，但两人在平日的训练中结下了深厚的友谊，两人也成了武馆的头牌人物；更令他感慨的是，通过武术，他对自己的祖国中国，这个神秘的东方古国充满了说不出的向往。那里有万里长城和巍峨雪山、有奔腾不息的长江黄河、有打遍天下无敌手的少林寺，还有好多好多他不知道的地方，他真希望有朝一日自己能回到这个国家，回到父亲的出生地。所以当有一天，有人告诉他可以回中国了，他欣喜异常、义无反顾地加入回国行列。

藏有一身硬功夫的程明生没想到自己有一天还会遇到抢劫。那是在上学途中，4个年轻的印尼人将他和骑的自行车堵在一座狭窄的木桥上，意欲抢走他的钱包和金笔。天啊，还真有这种事。明白过来的程明生毫不客气地出手了，左右开弓，没几个回合，他们就一个个东倒西歪了。这么不经揍？程明生还想露几招，他没想到自己的举动早已把这几个小痞子吓得屁滚尿流地落荒而逃了。此后，再没有人敢来欺负他和他的家人。事后，程明生心想，似乎是派人来检验他功夫学得咋样，自己幸好稳得住，正常发挥，算是没给中国人丢脸。

在程明生第二个“21”年开启之前，还有 5 年的青春岁月是在大学里度过的。他总是称自己是幸运儿，他也确实幸运，当年他 6 月份回国，8 月到昆明师范学院复习，9 月参加云南省高考，竟轻松考取昆明工学院，成了该校一名“电机专业”的大学生。那时大学也不是那么好考的，不说百里挑一，也是优中选优了。只是程明生经济情况也确实太差，几个月前回国就数他一人行囊最轻，家里连给他添件新衣的能力都没有。感谢政府，非常照顾这些归侨大学生，不仅食宿全免，且吃饭不定量，也不吃杂粮，每月还安排了“人民助学金”2.5 元。那正是国家最困难的时候，程明

高中毕业前夕

生和他的同学意识到这点，便在暑假时走出校门打工。那时候的暑期工就是干重体力活，打夯、修路、运砖、筑水沟等，什么都干，手上起泡了，长出了老茧，他从不叫声苦，用自己劳动挣得的钱去买书，他觉得很值。

5 年大学生涯转瞬而过，1965 年，程明生含泪挥别花开四季的美丽春城，来到湖南株洲电力机车厂工作。这是铁道部一家赫赫有名的龙头企业（即现在的中国南车），在这里，程明生开始了他长达 21 年的黄金岁月。在电机车间，他一干就是 7 年。此时此刻，程明生不由回忆起儿时往事，小时候他家住铁路边，没有书读的他常常跟着几个顽皮的孩子在铁道上玩耍，他们常做的一件事就是捡几根大铁钉，放在铁轨上，等待奇迹出现：火车飞驰而过，刚才还圆圆的铁钉变成了刀片，拿到砥石上一磨，锋利无比。程明生没想到，他今后从事的工作就是为火车设计机头，他认为这不仅仅是一种巧合，更是一种缘分。他很想做出成绩来回报这与生注定的机缘。他埋头工作，在生产工艺装备上做了不少技术革新，成倍提高了生产效率，被厂部授予了“青年突击手”的光荣称号，后来又被评为“电机工程师”。在这段激情燃烧的岁月里，有三件事情最让他难忘：

第一件事是因红旗舞得好，最终为他赢来了爱情。

结婚合照

1969年4月，为庆祝中国共产党第九次全国代表大会胜利召开，该厂要举办大型庆祝活动，其中有个颂扬毛泽东主席诗词《长征》的节目需要一个“红旗手”，刚开始没找到合适的人，在旁边观看排练的程明生虽然一向低调、内敛，也终于鼓起勇气走上台来。有了他的加入，节目顿时大放光彩。那面红旗在他手上翻滚飞舞，整个舞台成了一片红色的海洋。演出取得了空前成功，这“红海洋”的场景震撼了所有在场的人，包括坐在观众席中观看的刘淑文。她是一位土生土长的株洲姑娘，长得十分俏丽，还写得一手娟秀的字，是很多年轻后生追求的对象。程明生做梦也没有想到，小他8岁的刘淑文会看上他，他把自己的情况如实告诉了对方：家在印尼、经济上不是很富裕。可刘淑文不介意这些，她看上的是他本人，大学生，有文化，老实厚道，而且红旗舞得这么好。恋爱不久两人就结了婚，有了两个孩子，夫妻关系和美。让程明生高兴的是，妻子全力支持他的工作，让他可心无旁骛地把全部精力都献给祖国的“电力机车”事业。

第二件事是1975年到1978年间，程明生被选派参加铁道部组织的“内燃机车三化设计（标准化、系列化、通用化）”千人大会战，参加单位上百个，均为铁道系统的科研院校、工厂及各机务段，来了很多知名的学者和专家，使程明生大开眼界。整整3年，他转战在大连机车厂、山西永济电机厂、北京二七机车厂等3个地方，工作的同时对北国风情也有了一定了解，尤其是对大连海边的渔民留下了难忘的印象。那时回一次家不容易，他用不多的粮票与渔民们交换海参，每次回家，他都会给家里带十几根干海参。如今几十年过去了，他还记得

火热的年代（后排右一）

那些团聚的幸福时刻。

第三件事是 1986 年，他参与设计的用于电力机车的 3 个辅助电机获得了湖南省的优质产品奖，获奖是他离开原单位后的事。当时为了试运行新的机型，他随车横跨大江南北、长城内外，爬过坡度最陡的秦岭山脉，绵绵不绝的秦岭，是中国人的根和灵魂所在之处啊。久久凝视窗外的程明生心中激动不已，回国 20 多年，当年他何曾想过会有这一天，他会亲眼看着自己参与设计的电力机车奔驰在祖国的辽阔大地，自己也因此而饱览祖国的

1971 年 5 月，新款韶山型电力机车试制成功，程明生站在机车前摄影留念（右）

大好河山。这是怎样一份殊荣！不忘初心、不负韶华的他，最终受到命运的青睐。

程明生的第三个“21年”依然精彩纷呈。

1986年，深圳华侨城建设指挥部虽然离成立才过去几个月时间，却显出了良好的发展前景，其时辖区内企业已生产出“康佳”彩电、“天霸”牌石英表等深受市场欢迎的产品，该片区渐渐成了全深圳港资、侨资最看好的地方之一，又上马了一批企业，其中包括刚成立不久的华力包装贸易有限公司。这也是一家合资企业，为招揽人才，公司在报纸上发布了“招聘”启事，被程明生原华中学生会主席汪琼南看到了，剪下报纸寄给了离深圳800公里外的程明生。

看着招聘广告上不长的几行字，程明生动心了。“你已经47岁了，又不是自己的专业，人家会要你吗？”妻子担心地望着他说。

“试试吧！不试怎么知道呢。”程明生倒没有觉得专业上会有太大的问题，他相信，技术都是相通的，只要认真学，没有学不会的。他感觉自己心态还年轻，对未来仍充满斗志。再说，他在湖南已生活20多年，对湖南冬天的寒冷天气一直都不是很适应，那是真的冷啊，不像北方，有暖气烤。而深圳气候温暖，更重要的是他这几年一直都在关注国家的改革开放，虽然很舍不得离开他心爱的“电机设计”专业，虽然要抛下“铁饭碗”，但他还是愿意来到深圳这个充满改革精神的前沿阵地，试一试自己的能力。

没想到事情进展很顺利，华力公司的池武欣副总经理一看完他的求职信就拍板要人，10月份他来深圳面试，一个月后就下了正式调令。等到公司上班后，才知道这家公司去年才成立，是华侨城经济发展总公司与香港东翔发展有限公司合资经营的企业，目前厂房还正在建，设备也未安装好，程明生心想，这正是一个学习和熟悉设备性能的好机会，当即参与安装工作。为了尽快熟悉业务，他到处找“包装”类的专业书籍，其时深圳像样的书店没几家，他进去搜寻了一番，无果，便直奔广州。开头那两三年，他是广州新华书店的常客，有时利用出差机会，有时专程为某个问题去跑一趟。那时去一趟广州可真不容易，他只得放弃自己有限的休息时间。

通过学习，程明生了解到，直到1980年代，我国的包装业都比较落后，老百姓寄运东西都是用竹箩筐或芦苇包扎而成，经过长途运送，物品常常受到严重损伤。意识到这个行业前景广阔，程明生想学好弄懂的心更迫切了。于是书不离手，边干边学，很快就摸出了门道。这时他的职责是负责厂里的生产和技术，工作一切从零开始，从编写工艺文件、培训员工、挑选班组长、安装设备等入手，短短的时间，就培养了一批技术骨干，工厂很快有序地运转起来。他还利用工作时间撰写论文，在《中国包装工业》《广东包装》等专业杂志发表了20多篇技术文章，受到业内人士的赞赏。

1987年，公司不满足于仅生产造纸箱用的瓦楞纸板，决定调整产品结构，直接生产成品纸箱，形成“一条龙”生产。这无疑是一次挑战，但他们成功了，当年生产的纸箱即达到国际标准，其产品70%外销，而且成为外资企业的指定供货单位，短短的两三年时间，工厂就实现了赢利。1991年在当时深圳同行业的400多家包装企业中，华力是唯一一家达到省商检局颁发的出口商品包装质量许可证的企业。中国包装技术协会于1997年授予华力公司“全国十佳包装企业”称号，此后连续两年又授予了“全国优秀包装企业”和“全国包装龙头企业”称号。2000年其生产总值达到2.5亿元，成为华侨城一张靓丽的名片。而程明生本人也在1996年被北京中国包装技术委员会授予“纸制品包装专家”称号，其于2006年研制成功的“高强度环保纸拖盘”获得了国家专利，被认定“华侨城创想奖”2007年获奖项目，2008年又以《运输包装用单，双瓦楞纸箱》修订国家标准，他作为该标准的主要技术负责人之一获得同样的奖项，共获得奖金 20 万元。在华力公司成立 20 周年庆祝活动中，他也因为“工作严谨细致，技术上精益求精，努力为公司塑造良好形象，打造优异品牌，建立健全技术管理制度及培训大量技术人才”这些贡献而上了“深圳华力人物风云榜”，与总经理并列在一起。

2007 年，在华侨城工作了 21 年的程明生从工作岗位上真正退了下来，此时他已年近 70。可他是一个闲不住的人，退休后他开始上台自编自导表演“变脸孙悟空”，让大家又惊又喜。他手握“棍棒”和“花枪”，多次参加社区表演活动，还跟随沙河街道归侨歌舞队到各华侨农场、养老院等慰问演出，受到了归侨侨眷的热烈欢迎。70 岁后，程明生又开始学习书法，如今的他写得一手漂亮的行书和榜书，每年春节，他都会应邀到附近的各个物业小区给大家写春联，他高兴地说，能为增加中国的传统佳节——春节节日气氛做奉献，他很自豪。

80 年风雨人生路，程明生从印尼雅加达起步，横跨广州、昆明、田心（株洲机车厂所在地名）、大连、北京、深圳等地，他留恋这每一处洒下他心血和汗水的地方，它们滋养了他的一生，让他的生命绽放出灿烂的光芒。正如习近平总书记在 2020 年 10 月考察潮州时所说：华侨一个最重要的特点，就是爱国、爱乡、爱自己的家人，这就是中国人、中国文化、中国人的精神、中国心。中国的改革开放、中国的发展建设，跟我们有这么一大批心系桑梓、心系祖国的华侨是分不开的。

程明生就是这样的一个华侨。他感慨地说：我的父亲是没进过校门的放牛娃，我是祖国培养的大学生，我的儿子是留美归来的研究生，如今外孙女也在英国攻读研究生，我们家，一代更比一代强！我们要感谢祖国，国家强，百姓福！

激情燃烧的岁月（右一）

等不到相见

——马来西亚归侨陈淑基含泪忆人生

陈淑基虽然只4岁多便离开父母，而且这一离开就再也不曾相见，但对那次回国的经历倒记得清清楚楚。她说，在船上度过的那几天，虽然有白粥和香喷喷的花生米吃，但每吃完东西她就吐，吐完就哭，缠着人要妈妈。同船回国的熟人中有一位老太太，身穿旗袍，派头很足，见陈淑基哭闹不休，便试着用手帕来塞她嘴巴。可一俟抽出毛巾，她又放声大哭。大家都摇头，老太太拿她也没办法。

“老太太是爸爸朋友的母亲。现在看，她其实一点都不老，也就40多岁，只是当时在我眼里觉得她老。她还缠过脚，走路一扭一扭。”说起往事，陈淑基身子比

回国前，与父母的唯一一张合影（前排中为陈淑基）

划着，脸上呵呵笑着。虽然笑容满面，可仔细打量她，会发现其目光游离，目光深处似有一丝隐隐的泪花在闪动。看来，时间并没有完全弥合当初的伤痛。

带陈淑基回国的是她父亲的第一个老婆，名叫程依水。这个被陈淑基喊为“大妈”的女子本来想带走的是陈淑基的大哥。陈淑基的父亲听说后怎么肯，他才生一个儿子。可临走大妈竟偷偷把小男孩带到码头，很快被发现了，追上前来……就这样，最后上船的是陈淑基，她的哥哥留在了马来西亚。

那是1953年。彼时陈淑基在马来西亚有父母、姐姐、哥哥和妹妹，这个温暖的家庭给她留下了不可多得的回忆，其中记忆最深的是家里有个养在笼子里的大猩猩和吃饭时总在她脚边玩耍的小猴子。在她走后，父母亲又为她生下了两个弟弟和三个妹妹。

4岁多的陈淑基自那次回国后，再也不曾见到自己的亲生父母，自她后面出生的兄弟姐妹也是40多年后才第一次相见。

那次与陈淑基一路回国的除了她的大妈，还有叔公、堂哥和堂姐。叔公也是当年和爷爷一同出去的，不同的是他只身一人前往，家人都在国内。堂姐只大陈淑基一岁，是叔公的亲孙女，生下来未满月就过继给大妈做养女。大妈程依水何许人也？原来陈淑基的父亲陈英赠5岁多时，家里为他抱养了一名比他大一岁的“童养媳”，她便是程依水。一个在国外，一个在国内，两人很少碰面。等到陈英赠十八九岁，便在国内完了婚，不久丈夫重返马来西亚，妻子程依水留下来陪伴身体不太好的公公婆婆。陈淑基的生母许美兰则是土生土长的马来西亚华人。1942年初日本入侵马来西亚，只用了大约8周时间就以不可阻挡之势占领了马来半岛与新加坡。外公外婆看女儿出落得楚楚动人，担忧她落到日本人手里，便找到陈英赠的哥哥，愿意把许美兰嫁给长得英俊潇洒的陈英赠。事情来得急，且对方讲话的口气已近乎哀求，让陈英赠的哥哥为了难，弟弟在国内已娶有妻氏，如果瞒着对大家都不好。思量后便对女方摆明：英赠在国内是有老婆的，刚成家不久，停妻另娶不可能，如果要嫁过来，只能当二老婆。对方听说后表示不计较。就这样，陈英赠在两个哥哥的见证下又与许美兰成婚。不久消息传到国内，陈英赠为救一名“马来妹”娶了“二房”，程依水虽然嘴里没说什么，但心里多少有点不痛快，只是不好发作。

陈英赠祖籍福建长乐，与前面两个哥哥不同，他出生在马来西亚。19 世纪初，英国殖民者从中国广东、福建等地引入约 900 万华人到马来西亚拓荒，种植橡胶，开采锡矿，修建港口、公路、桥梁等，后来这里面的大部分人留了下来。陈英赠的父母亲就是这样到的马来西亚，他们把国内生的两个儿子也带了过来。过了一二十年，跟他们一起来的老父亲已因病去世，埋葬在异国的土地上，两个人怕落得像老父一样的结局，加上身体欠佳，思乡心更切，便回到了祖国，只是他们的三个儿子没有同行。

1951 年，陈淑基的奶奶去世，加上爷爷也早在几年前离世，人妈在国内的职责已履行完毕，便在叔公的陪同下，带着养女到马来西亚与丈夫会合。为何会有养女？原来福建地方十分风行抱养“养子”或“养女”，加上程依水虽然结婚七八年，但由于长期与丈夫分居两地，没生下孩子，便把陈英赠亲堂哥刚生下的女儿抱养过来，视同己出。她虽然知道丈夫在马来西亚已另娶妻氏，只是没想到短短几年间丈夫与第二个妻子就生下了一男三女。两个妻子以“姐妹”相称，开始倒也相安无事，相处久后矛盾来了。陈英赠偏心是必然的，大老婆比自己大一岁，两人长期不在一处生活，感情多少有些隔膜。二老婆许美兰长得年轻漂亮，性格活泼，嘴里歌声不断，虽然有缺点，如不爱操持家务啦、不大管孩子啦、特别爱听戏啦、总是跟自己撒娇要钱花啦，但在陈英赠眼里这算不了什么。但大老婆渐渐看不惯了，心里想，自己虽是童养媳，但夫家没有女儿，将她当女儿养大。她长得也俊俏，非常爱干净，手脚勤快，公婆在世时很讨两个老人欢心。她认为，自己一个人在国内尽心尽力伺候公婆，即使没有为丈夫生下一男半女，但替他尽了孝，也算是家里的“有功之臣”。

三年过去，日子过得不如当初想象的那么开心如意。此时一同来的叔公要回国看望病重的小儿子，得知消息，陈淑基的大妈就嚷嚷着要同叔公一起回国。开始陈英赠极力反对，但经不住大妈天天在耳根边唠叨，只得答应，不仅让她带走了无数金器和家用物品，还带走了4岁多的陈淑基。分别前两人说好了，回去只是看看，一年半载后还回来。人算不如天算，谁想到1954年“朝鲜战争”爆发，加上台海形势紧张，一般人已不能随意走出国门，他们无法再回到马来西亚。

陈淑基记得，有一次，大妈对她说起，那次回国多少有向她爸爸表达不满之意。之所以要带走她，也是想让丈夫不要忘记了在海那边的大陆还有她们“娘俩”。在大妈的潜意识里，或许也已做好了“此去便是天涯”的心理准备。

只是年幼的陈淑基不会知道，从迈上船的那一刻起，她一生的命运就此注定。

那一年，他们一行5人在福州码头登岸，陈淑基高兴得像什么似的，终于可以不用在船上摇来晃去的了，可以在地上自由奔跑了。与其他归侨不同，他们这次回国纯粹是个人行为，自然也没有像其他归侨一样被安排在华侨农场。再说，那时也没有华侨农场。他们在老家福州市长乐县落了户，陈淑基的大妈带着两个女儿，组成了一个特殊的小家庭。为了亲戚之间有个照顾，他们租屋居住在叔公家的旁边。

在陈淑基的记忆里，与大妈在一起的生活可以用几个字来形容：一是艰苦。虽然只是简单的三口之家，但由于她们家里缺乏男劳力，大妈便既当娘又要当爹。陈淑基小小年纪就要学会干各种家务活，拖地、挑水、买米、做煤球等。堂姐从小患有过敏性哮喘，这些事多半都落在陈淑基稚嫩的肩膀上。她从小就知道必须讨大妈的欢心，大妈开心的时候会给她们姐妹编长长的辫子，还会在头发上插上漂亮的野花。可大妈开心的时候越来越少，与马来西亚的丈夫渐渐失去联系，当初带回国的金器，被骗的骗、偷的偷、换的换，所剩无几，两个小孩还在读书，三个人吃什么呢？好在大妈会一手“闽绣”活，便要常常到绣坊去绣花，换取一定数额的报酬以补贴家用。二是少爱。虽然远在马来西亚的父母亲并没有忘记她，1960 年父亲还寄了二吨化肥到公社（那时的长乐县是福州的郊区），以换些米面给陈淑基“母女”做口粮。但毕竟远隔重洋，在身边照料她的就只有毫无一点血缘关系的大妈。大妈也不是“坏”人，但一个女人带着两个孩子艰难度日，心情能好到哪里去。加上又特别爱干净，常常天不亮就起床去水边洗衣服、刷马桶。陈淑基其实是很愿意帮这个家庭减轻些负担的，只是她年幼时好动贪玩，虽然会按时完成大妈交给她的各种家务活，但有时难免出点错。大妈火眼金睛，自然会“教训”她。她记得最清楚的一件事是自己有段时间痴迷上了越剧《追鱼》，刚好学校附近有个剧院，她就经常逃学去看。

“那时候已经模模糊糊懂得了人世间的一点事，觉得剧中的主人公父母双亡，跟自己父母远在天涯的身世有点像。另外这个剧的音乐也很好听，就迷上了，看了又看。后来这部戏还拍成了电影。”

“对大妈打我这点，自己长大些后会反抗，会哭喊着去抢她手中的竹条：‘你不是我妈，你没资格打我’，大妈听了气得不得了。”“我小时候确实也蛮调皮的。”

陈淑基边说边笑，像讲别人的故事。其实这些往事已刻在了她的内心深处，想忘也忘不掉。

初中刚毕业，她就背着大妈报名去当知青，大妈不同意，可她坚持要去，一句“响应党的号召”让大妈的反对显得苍白无力。1964 年 10 月，16 岁不到的陈淑基胸前戴着大红花，嘴里唱着“到农村去，到边疆去，到祖国最需要的地方去”坐车到了海南兴隆华侨农场，成了最年轻的一名知青。后来，认识了同在场部生产科工作、大她 8 岁的许美兴，两人认识后渐渐产生感情，最后组成了一个新的家。

许美兴一家也是从马来西亚回国的归侨。他们是全家人一起回来的。许美兴的父亲因为给被围困在山上的“马共”送粮食而遭遇当地政府迫害，不久被“驱逐出境”。虽然允许其他家人还留在马来西亚，但他妈妈担心再也见不到丈夫，便要求全家人一同回国。陈淑基笑称，自己连男朋友的手都没有拉过就嫁给了他，她没有挑剔的资本啊，人家是“红五类”出身，而她是资本家（后来父亲在马来西亚开工厂）的女儿。1968 年 8 月的一天，阳光热烈，她对许美兴说“我们结婚吧。”然后就自己一个人跑到场部开了结婚证。办证的人是许美兴的好朋友，知道他俩的情况，虽然男方没在场，证照开，这样，两人就算成了家。婚后两个儿子相继降生，这两个孩子也全是她一人带大的。

在海南兴隆华侨农场一待就是 22 年，在这段长长的岁月里，陈淑基真正体会到了家的滋味，浓浓的血脉亲情带给她无数温暖，让她浑身有劲，日子虽苦犹甜。那些年，她什么没干过？割橡胶、种水稻、种胡椒、炼甘蔗、碾米、做包子、卖冷饮等，体力比一般的男人还好，能担起 130 斤的牛粪，能与人合抬 200 斤重的米袋子，上山下山来回三小时，健步如飞，被人称为“小老虎”。干得最多时间也最久的活就是割橡胶，整整割了 5 年的橡胶。说起割橡胶，她如数家珍，那时她们每个人都要管 200 多棵橡胶树，清晨2点多就要起床，走十几分钟路到橡胶园，此时天还是浓黑的，便用头上戴的电池灯来照明，等割完这200多棵橡胶树，太阳才慢慢升起，她们一行人便收工回家。吃完早餐，再去场部交“胶水”，记工分。她的胶水总是交得最多的，所以工分也最多。下午也休息不了多久，又忙着给橡胶树施肥。两个儿子都是在她割橡胶期间生下来的，也因此她总也忘不了橡胶园。二十几年后当她重返海南岛，第一个去看的还是那一棵棵橡胶树，它们还像十几年前那样高大挺拔。

20多年后重返兴隆华侨农场，再一次来到橡胶园

陈淑基虽然4岁多就离开亲生父母，但这种血缘亲

情是割不断的。20 世纪 60 年代，她与父母基本失去了联系，等到从马来西亚来香港读书的堂哥帮她和父亲联系上，又过去了 10 年。第一次接到堂哥转来的父亲的信，她嘴巴直打哆嗦，双手颤抖，捧着信纸看了一遍又一遍，眼泪像断线的珍珠滚落下来。那场酣畅淋漓的哭泣，把多年来孤儿般的委屈、幽怨，剜心摘胆般地倾注出来，她觉得心里好受多了。海外的父亲得知女儿得了肝炎，立即托堂哥买来三盒“肌酐”寄给她。那些药有奇效，打进她体内不久，她的病就完全好了。1974 年，“中马”正式建交，不久父女俩可以直接通信了，父亲才知道女儿已到了远在天涯的海南岛。当得知从海南岛回福州要走五天五夜，不由心头大怒，写信来责骂自己的妻子：你要没有钱就跟我说，不要卖我的女儿，还卖得那么远。

大妈程依水收到信雷霆大怒，心想，自己一个人把你女儿阿基拉扯大，没有功劳也有苦劳。再说，情况根本不是你想的这样，是你女儿豁出命来要去当知青。于是立即发电报给陈淑基，让其即刻赶回福州，当着她的面给“丈夫”写信，申明：陈淑基当年是响应国家号召自己愿意上山下乡当知青的，跟她没有半点关系。还要加一句，她当时还极力反对过，只是长大了的陈淑基根本不听她的话。陈淑基不敢怠慢，星夜兼程赶到大妈家，对这个抚养自己长大的女人她内心还是不忍伤害，自己这些年虽然离开了家，但每个月都会寄钱回来。这场“家庭风波”总算是平息了，但父亲到底相不相信她们的说辞，陈淑基也不清楚。后来几年，陈英赠思女心切，希望她能回马来西亚居住，可此时的陈淑基已有了自己美满的家庭，她已在自己的祖国深深地扎下了根，不可能离开了，只是想着有朝一日还能见到父母和兄弟姐妹一面，也就心满意足了。陈英赠无可奈何，便计划着能够和妻子回国一趟，看看已经挥别了40多年的祖籍国和女儿女婿一家人。但整个1970年代经济都不太景气，国门也未真正完全打开，计划便一拖再拖，1981年春节后不久，陈英赠在马来西亚遭遇车祸意外离世，年仅66岁，妻子也在两年后中风随他而去。

陈淑基很久以后才得知消息，她心里悲痛万分，但也无可奈何。1980年代随着国家改革开放的步伐加快，海南兴隆华侨农场不少归侨知青都相继“回城”，陈淑基也动心了。她特别想来深圳，因为深圳离香港近，她还是想有机会能回到马来西亚，起码应该到父母坟前去磕个头。1985年春节，广东省侨办落实知青政策，把她调到深圳湾大酒店，丈夫已先行半年调到该酒店工作。

此时合作开发的深圳湾大酒店正处试营业阶段，根据约定，负责管理酒店的多数是港资工作人员，他们在这方面相对有经验，提出“赋予酒店生命的是全体员工”这样一个服务理念，要求酒店全体员工在各自的岗位上为顾客提供最殷勤的服务。刚入职的陈淑基从扫地、搞清洁等开始，她心眼灵活，工作卖力，不久就升为“领班”，两年后升任了“管事部”的副主管，手下有50多人。香港来的总经理非常赏识她，一直让她在这个位置做到退休。陈淑基很满足来深圳后的工作生活，1985年他们一家就住上了位于华侨城西组团的知青楼，虽然只有54平方米，但这个厨房厕所一应俱全的两居室让陈淑基非常欣慰，比起其他人，她觉得自己和家人已十分幸运了。1990年，又根据打分将她的房子调大到74平方米，这一住就是30多年。

1997年清明节，陈淑基回到了她的出生地——马来西亚，距1953年回国，已过去44年。父母不在了，哥哥姐姐都成了“阿公阿婆”，晚她出生的弟弟妹妹都是第一次见。他们见到归来的这个姐姐非常惊奇，围着她看，说跟家里人长得好像喔。陈淑基哭笑不得，她本来就是家里人啊，只是命运选择了她，让她与父母家人长期分离，爱她的父母等不到见她的这一天。

陈淑基回家的第一件事就是让家人带她到父母的坟

前。来到这两堆黄土前，她双膝跪下，一声“爸爸妈妈”，泪如雨下。她对大姐说，她这几十年最难受的就是明知有爹娘、有亲人却见不到。这种说不出的苦，家里人是体会不到的。大姐是当年父母亲的第一个孩子，被父亲视如珍宝，如今长姊如母，她代表父母家人对远隔天涯终于相聚的妹妹表达了炽热的亲情，告诉她，因她几十年离家在外，父母亲曾十分内疚，尤其是父亲。其他亲人也一直牵挂在心，希望她能谅解这一切。大弟弟劝她，姐你就留下来吧，留在马来西亚，这边亲人多。陈淑基摇了摇头，别说留下来，眼下才只有十来天时间，她的心已经飞回中国、飞回大陆，她已经想家、想儿子们、想花红树绿的深圳了。

1997 年在阔别 44 年后第一次回到马来西亚探亲，回国时扛回来这把竹椅

幸福的晚年生活

"梁园虽好，终非吾乡"。

那次探亲回国，陈淑基什么都未带，就扛回来一把竹织的"摇椅"。这把竹椅不大，但非常结实，几十年过去了，还能承载一个成人的重量。她说这把椅子大姐的儿子小时候坐过，回国后又成了她两个孙子的玩伴。现在孙子们长大了，她也舍不得扔，擦得干干净净地放在家里。有时候摸一摸，擦一擦，也算是一种慰藉。年龄大了，回马来西亚的机会将会越来越少，这把椅子将会陪她到老。

退休后的陈淑基在社区很活跃，唱歌跳舞做义工，样样都行。"我们这代人就是这样的啦，也挺好。"爱笑的她即使已年过70，笑容仍然灿烂如花。

陈淑基在表演马来西亚舞蹈

夫妻双双把家还

——记越南归侨曾红有、郭桂英夫妇

在1980年代初的深圳沙河工业区各大中小企业和后来的华侨城集团、沙河集团，究竟有多少对归侨双职工？可能没有人做过这方面的统计，但只要走近他们，就会发现一个很有趣的现象：他们大多是成双成对，单方面是归侨身份的很少。随便理一理，就能数出好多个归侨家庭，比如：王谦宇、黄妙珍夫妇；刘国麟、王玉兰夫妇；林本吉、林秀兰夫妇；李小菱、肖辉洪夫妇；叶瑞珠、郭荣华夫妇；张兆明、刘素芳夫妇；澹纯棉、卢彩豆夫妇；翁志康、邱幼珍夫妇；古欢招、张亚仙夫妇；彭桂兰、邹金昌夫妇；吴慧芳、彭育坚夫妇；张华枝、许燕兴夫妇；陈淑基、许美兴夫妇；陈淑黎、陈良玉夫妇；梁丽容、温顺毕夫妇；吴英福、黄月娥夫妇；郭惠平、许明月夫妇；韩全光、陈美銮夫妇；朱胜康、陈美华夫妇等。

这些归侨夫妻是如何走在一起的？其实理由很简单，他们绝大多数于20世纪六七十年代跟随父母从印尼、缅甸、马来西亚、越南等国家回来，回国后多被安排在广东省28个华侨农场里上学和工作，共同的人生经历，给了他们同样的感受，惺惺相惜，便走在了一起。20世纪80年代初，国家落实侨务政策，他们中的不少人调来省沙河企业公司代管下的各个企业工作，包括后来的华侨城建设指挥部和沙河集团，另一方也以夫妻分居的名义调来，便出现了很多归侨家庭，为其他地方所少见。

这里且说一对越南归侨夫妇的人生故事。

他们是曾红有、郭桂英夫妇。他们俩都是1978年下半年回国的越南归侨，回国时曾红有21岁，郭桂英17岁。两个人都是在越南的广宁省云屯县（1994年以前为锦普县）一个叫“东沙河龙”的地方出生长大，两家相隔不到10公里，但彼此并不相识，是回国后在农场才认识的。

曾红有的爷爷曾文祥是广西防城港西茶人，当年和几位同乡一起上了法国人的轮船当苦力，烧锅炉。没想到船上的法国人看不起中国劳工，平常趾高气扬不说，还动不动就找茬。曾文祥看在眼里，气在心上，不好发作。

一次，法国人又生事端，这回居然穷凶极恶到要把他往燃着熊熊烈火的炉膛里扔。性命攸关之际，会武功的曾文祥不得不动手反抗，在3个工友的帮助下，架居然打赢了。但也待不下去了，几个人便拿着钱和包袱各自跑路。家是不敢回了，随便上一条船吧，居然就漂泊到了越南的一个港口。下得船来，迎面是陌生的山水、陌生的人，相逢两不识，心里不由一阵打鼓，但只能高一脚、低一脚地向前“试路”。曾文祥曾经想寻找船上的工友，却又不敢到处乱跑，只能围着港口周边找事做，这些一起共患难的工友后来便再也没有碰过面。那些年，他很能吃苦，仍是以卖苦力为主，渐渐有些积蓄。见土地便宜，便买了些地，娶了一个华人女子成家，生下了6个孩子，活了4个，第二个孩子就是曾红有的父亲曾永德。

离广西边境约两三百公里的云屯县是位于越南最东北端的一个岛县，拥有600个大小岛屿，与著名的景点下龙湾山水相连。在此出生长大的曾永德实际上是家中的长子，他的儿时玩伴百分之九十都是中国人，从小上的也是华人办的中华学校。他很喜欢中国文化，尤其是古诗词，闲时还会读几行给孩子们听。长大后，他几乎每年都会带着亲人们回一两次家乡广西防城港探亲，直到中越关系恶化。1978年全家人回到国内后，曾永德没有忘记埋在越南的父母和妻子，只要有机会，就会前去祭拜。2003年，他在儿媳郭桂英的陪同下再次来到越南祭拜亲人。看到60多岁的公公极其虔诚地双膝跪倒在爷爷奶奶的坟前，郭桂英劝公公说：爸，您年纪一年年大了，以后总不能还年年都回来拜，还是想法把爷爷奶奶和婆婆“背”回国去吧。

一听此话，曾永德即觉有理，便打电话给离不开工作岗位在深圳上班的长子曾红有，征求他的意见。大家商量后，决定还是冒着风险把已逝亲人们的骸骨带回国。虽然住地离广西边境路程不到300公里，但也需坐长途公共汽车，曾永德和媳妇郭桂英只能抱着包扎好的遗骨坐在车上。终于到了两国交界的“东兴”口岸，曾永德感情激动，轻声地对怀中的亲人说：爸、妈、老婆，我们现在回国了，回国了！再也不用怕了。郭桂英也是边走边对背上的亲人说：爷爷奶奶、妈妈，我们回来了。到广西了。现在跟我们到海南去。

比起媳妇郭桂英，曾永德更是感慨万千。他想起父亲20多岁就离开故土在异国他乡打拼，虽然没置下什么家业，倒也儿女齐全、子孙绕膝；一辈子勤勤恳恳的母亲虽是华人却几代都生活在越南，已成了越南的少数民族“山由”族，从来没有回过中国；妻子给自己生下了5个儿女，49岁就离世了，从来没有享过一天福。自己也是冲破种种阻力回到祖国的怀抱，现在退休了，拿着国家的养老金，虽然只有一两千元，但生活无忧。可不知为何，自己就是忘不了丢在那边的亲人，他相信他们是愿意跟他一起“回来”的，因此，才下了这个决心。现在他高兴，他最大的心愿实现了，他可以在温暖的海南岛安度晚年了。他喜欢这里，那年回国，他落脚的地方就在海南东方华侨农场。现在，他也要把过世的亲人们安葬在这个他生活了 20 多年的地方。他为他们重新选了墓地，还立了碑。一晃 20 多年过去，90 岁的曾永德老人不仅生活自理，还能自己种小菜，思维也清晰，他唯一的遗憾就是儿子曾红有没有生活在他身边。由于曾红有当年是两个月前一个人先行回国，被分到了当时的广东省国营光明农场，这才造成了他与家人的分离。这在当时是很正常的。

成立于 1958 年 1 月的广东省国营光明农场，其建场之初的目标定位是“供给香港农副产品”。使命可谓光荣，加上农场所取土地为当时的宝安县“公明区”，最后取了“光荣”的“光”字与“公明”的“明”字，这就是“光明农场”名称的由来。在 1978 年以前，这里还是一座不起眼的单一化农场，以种茶和水稻为主。1978 年开始，农场不断地安置从越南回国的归难侨，两年时间内，安置人数达到4540名。1979年1月,“广东省国营光明农场”正式更名为“广东省光明华侨畜牧场”。

1978年10月，21岁的曾红有与600多名从越南归国的难侨一起被安置到光明华侨畜牧场。他虽然在越南读到了高中毕业，但实际只念了3年中文学校，后来越南政府下令停办所有华语学校，他只得从小学一年级读起，所以他的越南语倒是挺流利，中文却很一般，会说白话。一来到农场他就和归侨们一样，投入到紧张的生产劳动中，加入了农场的茶林队。这是他第一次离开父母亲人，他没有抱怨，因为回国的决定是自己作出的。在越南他已经三次逃避兵役，他不想给越南人卖命，尤其是当他知道有可能跟中国开战，那就更不愿意了。

1980年，正值改革开放风起云涌之时，作为身处深圳前沿阵地的光明华侨畜牧场，率先尝试从新西兰、丹麦等地引进了一批良种奶牛。这里还发生了一个让很多人难忘的小插曲。这批奶牛“坐飞机”过来了，检疫机关却说有病毒，必须退回去。新西兰方面不干了，他们说，奶牛已经卖给你们了，而且出口时检疫是合格的。这可如何是好？退又退不回，用又不敢用，只能杀掉。当时的侨办主任林逸欣说，你们如果要把这些奶牛杀掉，先把我杀了吧。

此话应验了一句俗语，“万事开头难”。没想到这个奶牛场后来发展得非常好，成立了“晨光乳业”，将新鲜牛奶出口香港，一度占据了香港鲜牛奶市场份额的70%。

更令曾红有始料不及的是，自己居然被农场看中，要他去学兽医，以期给这批奶牛“保驾护航”。农场主要看他年轻，又是高中毕业生，他也想学习，多一项技能在身总不是坏事，便认认真真地学了起来。只是他的中文理解能力确实差了点，只能暗地里用功，多看书看报，实在不懂，就自己用越文标注，这样边干边学，居然变得有模有样。过了两年，农场的奶牛越来越多，最多时达到五六千头，分布在东周、石介头、新坡头和凤凰4个牛场，他分在凤凰牛场，最多时也有七八百头，他们每人管100头牛。“牛蹄病”在当时非常多发常见，治疗时间长，不易根治，对牛的伤害较大。曾红有与他的一位姓温的同事便认真摸索这个病的防治方法，竟有了些心得，后来就数他们这个场的情况最好，发病率较低，其他场的同行也纷纷过来取经，这让曾红有心里很是高兴。他在农场当了5年多兽医，工作非常认真负责，随叫随到，如果不是考虑家庭因素，他也许不会离开农场。

“那些留在农场的老员工现在比我们还好，退休工资也有 6000 多，有的当初买了几十头牛，有的买地建了房。我的房子给了隔壁人家。”

2021 年 3 月 2 日，已退休 3 年多的曾红有悠闲地坐在沙河街道光侨街 4 栋 102 室的房子里，往事历历，他说那些奶牛的样子至今都还记得：蹄部化脓肿胀了，牛儿们乖乖地躺着，任由兽医们侍弄，连哼也不哼一声。

“当然，也不后悔来华侨城啦。只是光明华侨电子厂（即现在的康佳集团）是技术行业，产品更新快，更需要的是有知识的年轻人。”

他说的话也确实符合实际。后来厂里出台政策，可以给予上了一定年纪的老职工生活补贴，让其内退回家。他和夫人郭桂英都提前 5 年高高兴兴回家。

比起曾红有，在越南完全没有念过中文的郭桂英回国前只会说不多的几句白话，连自己的中文名字也不会写。1978 年 12 月底，她与爸爸妈妈和弟弟启程回国，一起回来的还有外公、舅舅和舅妈。爷爷和叔叔一家迟两个月回来，奶奶则永远“留”在了越南。她爷爷是开“武馆”的，身上有功夫，偷偷在旁边看、偷偷自己练的奶奶后来武功还高过爷爷，让人不得不称奇。郭桂英记得爷爷总是对他们说，中国人到了外国，总要学点防身术，以备不时之需的。他开的武馆女学员也不少。没想到，这话奶奶给听进去了，还付诸了行动。郭桂英虽然年幼没学武功，但手脚麻利，虽然只到农场待了6个月，插秧割稻却是一把好手。

劳动之外，她更重要的一件事就是学讲白话、学会认中文字。正值深圳沙河工业区大量招聘女工，对归侨女工尤其关照，所以，分到光明华侨农场后不到6个月，她便顺利地被招进了位于沙河工业区的“毛织厂”工作，那是1979年的6月。与她一同从农场进厂的就有17名越南归侨姑娘，她的生活一点也不寂寞。

虽然不会中文，但“织毛衣”对女孩子来说仿佛是天生就会干的活，郭桂英人又聪明，很快就上手。第一个月基本工资29元，再按件计价，她一个月最少也能拿到八十几元，多则上百。这群十七八岁的女孩子连中午也不休息，拼命干活，拿钱拿得心花怒放。直到1981年两人结了婚，不久有了孩子，生活才换了一种节奏。

回忆孩子小时候的那段岁月，郭桂英眼睛仍有些许发红。生完孩子两个月她就要上班了，丈夫曾红有还在光明华侨农场当兽医，她一个人带着孩子生活在沙河工业区，和另外一家人挤在一个两房一厅的小房子里。虽然沙河离光明华侨农场只70多公里路程，但那时交通不方便，当了爸爸的曾红有只能在周末骑单车来看她们母

1979年，沙河毛织厂越南女归侨员工（后排右三）

子。山路不好走，要骑好几个小时才能到。一个人照顾不过来，没办法，郭桂英只得把母亲接来，帮她照看一段时间。后来母亲要回去，她看到周围两个工友的孩子才3个月就入了“托儿所”，最后也狠狠心给10个月大的儿子办了入托手续。年轻的母亲们心里多了牵挂，只盼着中午快点到，可以有两个小时的哺乳时间。

1985年，曾红有终于有机会来华侨城工作，他先到塑胶厂，后到华力包装，虽然工作不固定，但毕竟可以帮郭桂英分担些家务活，孩子也可以帮助照管一下。郭桂英工作的毛织厂在1984年解散了，她被安排进了光明华侨电子厂，给收音机焊线，后来做了质检员。1986 年该厂招人，曾红有才以夫妻名义进了这家名气越来越大的电子厂，先当搬运工一年，1988 年户口正式进了华侨城，他的临时工身份才转变。后来当材料员，最后进了手机厂，一直到 2017 年退休，整整 31 年没挪窝。

回忆待在康佳集团有限公司的 30 多年岁月，曾红有感慨地说："康佳工作就是加班加点多，那时几乎每天都要加班，周末有时候也要加班，很少有休息的时间。但大家的热情都很高，加班并非完全为报酬，是工作需要。"

曾做过他领班的印尼归侨张兆明对曾红有的评价是：

曾红有在康佳集团工作期间（左一）

人老实，话不多，交代的工作都会百分之百地完成好。

进入新世纪20年代，曾红有、郭桂英夫妇都已双双退休在家，帮儿子带孩子成了郭桂英的“主业”，曾红有则相对自由点，他天天坚持跑步，时不时跑去海南看望和陪伴他的老父亲。有时一待就是好几个月。父子俩在一起时还会讲起过去的生活，毕竟在那里出生长大。曾红有记得在越南时家家都有防空洞，飞机一在头上响起来，人就要往防空洞里跑。家里常年驻扎部队，记得是海军多。最多时来了30多人，他们还在他家养猪，养大了自己杀着吃。越南有个奇怪的现象，男人们很悠闲，整日里就是谈天、喝咖啡，女人赚钱养家，还做家务。华人男子比越南男人就能干多了，也勤劳多了。曾红有长到13岁就经常下海抓鱼捉虾，开始不靠父母的钱养活自己。

2017年，曾红有与妻子、岳母及孙女合影

说到这里，快90岁的曾永德老人不禁摸了儿子的头

一把，在越南时，生活真是苦啊。两场战争，对美、对法他都参加了，对家庭和孩子照顾难免不周。

夫妻游览越南 摄于胡志明广场

正是从小养成的劳动习惯，使曾红有动手能力强，实干精神足，现在他退休了，每个月有6000多的退休工资，夫妻俩加起来一万多，他很知足，说还是祖国好，祖国繁荣稳定，比越南好多了。

“起码先进一百年。”他笑着对父亲说。

曾永德听了也直点头。

游子的深情

——印尼归侨张兆明父子的家园梦

到过很多地方，而广东开平最是令人难忘。那一栋栋斑驳陆离、人去楼空的叫“碉楼”的房子，把它伸向蓝天的影子深深地刻在了游人们的心里，即使上车离开，仍忍不住回眸凝望。

这些仿佛在诉说、在追忆、显得如此孤独的碉楼，成百上千地屹立在开平的村庄、集镇，构成了此地最负盛名的地方特色。

据说，开平第一座碉楼的诞生是为1644年。虽无资料确定此碉楼为华侨所建，巧合的是，彼时开平已有人远赴南洋群岛谋生。为何要离乡背井？原来开平河流密集，水灾频发，盗匪横行，人们纷纷涌向海外，19世纪末至20世纪初到达顶点。用他们的话说，“能走的都走了，实在走不了才留下来。”

这些成群结队漂洋过海的人，身在海外，却心系家乡，赚了钱大多寄回家修房子，碉楼也因此越建越多。此时的碉楼修建得更加牢固精密，而且还多了一项自卫的功能。别看这一栋栋不会说话的房子，它可是开平一代代海外游子们用汗水心血凝聚而成。这些归侨中近代最著名的就数开平赤坎镇的司徒赞、司徒眉生父子，1911年，11岁的司徒赞怀揣一本《山国志》离开家乡漂泊南洋，日后他全力以赴参与海外华人的教育事业、支持国家的民族解放，归国后曾担任全国政协委员。而他的次子司徒眉生更是被誉为“中国与印尼杰出的民间大使”“一个参与创造历史的华人”，尤为珍贵的是，他还获得过开国领袖毛泽东主席亲自手书的题名。

本文要讲的是开平另外一个普通归侨家庭的动人故事。

在开平县城三埠北边5公里处，有一座400多米高的梁金山，从东北向西南伸展，横跨长沙、水口、月山等三镇。山不甚高，却绵亘20多公里，山上树木参天，苍翠欲滴。那些依偎在梁金山脚下的星星点点的小村庄、农舍，常年冒着炊烟，其中有一条人口最多时上千人、最少时不足 300 人的小村，叫“金腾里”，村里的住房人家全部都姓“张”。

在行政区划上，金腾里隶属于“红进村”。别看它小，却是一块福地，依山傍水，离珠江一级支流、开平市三条河流之一的潭江不到 1000 米。涨潮时江水涌来，小村四面皆水，故此地水路特别发达，有轮船直达广州、香港。金腾里村也有一座碉楼，占地 180 平方米，取名“安怀

金腾里村的“安怀楼”

楼”。楼高四层，楼牌竖立在四楼顶上。仅从名字看，“安怀”二字透出楼主心中深深的情意。这是没有经历过战乱、没有为颠沛流离的生活所苦的人们所无法懂得的。楼体一至三层隔有房间，每层 8 间，加起来有 20 多间。一楼

一把铁锁加铁条，100多年过去还固若金汤。房间的窗户也竖有坚固的铁栏杆。整栋楼的墙体厚25公分以上，一个巴掌击上去，无半点回声。村里一位96岁的老归侨说，这栋楼怕也有100多年历史了，是早年村里的一位村民到印尼做生意赚了钱后回来修建的，建成后，有钱的归侨家庭便纷纷向他购买一间两间的，以应不时之需。这些房间平时也只是堆放些稻草、农具、杂物等农家常用物品。

就是这个普通得令人遗忘的小村庄在20世纪却出了个让全国瞩目的人物，名叫“张德能”。3岁时其母病逝，父亲带他到越南抚养，1922年，23岁的张德能回国从军，投入云南讲武堂第二期学习，毕业后从排长干起，到1934年，已是国民党59师少将师长。抗日期间他英勇抗战，在他带领下，曾夺得了第一次、第二次、第五次长沙会战大捷，一时名扬全国。因战功显赫，1940年他升任国民党第四军军长。

张德能无疑是金腾里村的骄傲，他的事迹被当地人广为传颂。

一方水土养一方人。金腾里村的男孩一个个都血气方刚，别有志气。比张德能晚8年出生的张成润1923年16岁，长成了一个半大的小伙子。他家离碉楼不到50米，站在自家的禾场里，抬头一望，就能见到巍然耸立在蓝天下的安怀楼，而这栋楼宇在水中的倒影也曾无数次印入他的眼帘。原来安怀楼的一侧是个较大的鱼塘，每到夕阳西下时分，水塘里就清晰地印出楼的影子，比碉楼本身还好看。少年张成润每每从这里走过，都禁不住停下来看一眼水塘中的碉楼，然后回到自己不富裕的家——两间加起来不到50平方米的正屋，一间偏房。

梦想渐渐在心中萌芽了。从小他就听村里的人说“下南洋”能找到钱，有了钱就可以回家修大房子。因此，村里的不少人去了印尼，包括自己家里唯一的哥哥。可眼下父母仍舍不得他走，就只有这个小儿子在身边了。他急了，跟父母说，他已经16岁了，可以出去赚钱了。他要父母相信他，有了钱他一定会回来为二老养老送终。被他缠不过，父母虽心有戚戚最后还是答应了他的要求。这一年，张成润搭家门前的机帆船恋恋不舍地离开了家乡。

到了印尼后，张成润并没有去投奔当“裁缝师傅”的哥哥，而是落脚在龙目岛开小饮食店的本家亲戚处，在厨房帮忙做事。亲戚为了试他是否真的想凭自己的双手吃饭，一次故意把钱放在米袋里，看他拿不拿，张成润知道后觉得受到侮辱。两年后他决心一个人出去闯荡。

有小学文化、字写得非常漂亮的张成润跟着人慢慢学做生意，管理仓库，由于他勤劳肯干，加上运气不错，生意渐渐有了盈利。不久，父母把国内定亲的老婆送出来，两个人成了家，一心一意要赚钱。张成润为人低调诚信，别人不想做或者利润稀薄的生意他都去做，那真是"一个钱打三十六个结"，结结向着家乡、向着亲人。终于有了些本钱，自己开始做生意，慢慢在印尼立下脚来。他没有忘记国内的父母，每年都会托人带钱回家。过了几年，孩子一个个生下来，在 10 多年间一口气生了六儿三女。其中第六子便是本文的主人公张兆明。

在张兆明的童年记忆中，他们家热闹、温馨。父亲虽然对子女们要求严格，但在生意稍微空闲的时候，也会跟他们讲故乡开平，讲碉楼如何高大威风，比印尼这些低矮的木房子不知要神气多少倍。孩子们发现，每逢父亲讲到故乡，脸色都会格外的柔和。他们无法想象四层楼高的碉楼到底有多大多高，但他们相信父亲讲的话。而张成润，望着孩子们这一张比一张稚嫩的面孔，他的心飞回了中国、飞回了那个叫金腾里的小村庄。他觉得自己对不起爹娘，1935 年、1936 年两年间，父母相继离世，他和兄长都不在身边，只有一个嫁在异乡的姐姐。都是靠了堂兄弟帮忙才让爹娘落土为安，张成润的心被揪得痛。他和妻子李管养商议，等孩子长大，就把他们一个个送回中国去，参与新中国的建设，也回去替他在父母的坟前磕个头。

1953年，长子张兆棠满18岁了。张成润买了一张船票送他回国，张兆棠被安排在北京继续上学，后来就一直留在北京工作和生活。张家二女儿张瑞笑回忆说，大哥回国后经常会寄一些进步书刊如《中国画报》等到印尼，全家人都会抢着看这些印刷精美的刊物，他们都很羡慕哥哥能有这样的见识。1959年，张成润又把次子张兆汉和大女儿张瑞柳送回国。像对长子一样，临别时，他嘱托两个孩子，回国后一定要做一个自强自立、心系家乡的人。后来，张兆汉成了一名大学老师，在沈阳市建筑工程学院执教多年直到退休，他生前最大的愿望就是能把自己的骨灰埋在故土。而张瑞柳一直留在广州工作和生活。

张成润十分重视子女的教育，儿女们也都孝顺懂事，兄弟友爱，姐妹和睦，这一切给张兆明的童年留下了深刻的印象。1951年出生的他虽然后面还有一个妹妹张瑞珍，却是父母最小的儿子。他常听父母讲起，二哥兆汉小小年纪就聪明好学，家里原来想培养其做生意，可没想到兆汉对书本上心得很，一个人离开家跑到泗水，白天上学，晚上当家庭老师，以此养活自己。三哥兆荣最听父母话，小学未毕业就离开学堂，帮父母打点生意。所以，小小年纪的他就立志长大后也一定要像哥哥们那样，做个有志气的男儿。

20 世纪 50 年代末兴起的印尼“排华”风波，最先受影响的是居住在县城以下做小生意的“亚弄”华商，张成润便是其中之一。他想，生意做不成了，正好回家。哥哥张成新已于 1958 年去世，永远“睡”在了异乡的土地上。他不想像哥哥这样，树高千尺，叶落归根，他心里始终惦记着家乡。1961 年 1 月 7 日，来印尼 38 年的张成润变卖所有家产与妻儿回国了。最先被安排到广东蕉岭华侨农场。在农场生活了半年多的张成润心里不是滋味，看着四周陌

兄妹仨　摄于蕉岭华侨农场

生的山山水水，他想自己的开平老家了，他对妻子和孩子们说："既然我们好不容易回到国内，为什么不回我们自己的家乡？在老家不是一样能生活吗？"有人劝他：农场毕竟有保障，还有各种生活补贴，回老家不一定有这个待遇。可他听不进，执意要回。他先邀请同为开平老乡的另外三个男户主到老家走一趟，看看家乡的情况，探望久不见面的亲人。

这天，离开故乡38年的张成润迈着急促的步子、几乎是踉跄着走进村子，虽然父母不在了，但"近乡情怯"的感觉依然在。走进自己的家，那一刻他心跳得厉害，脑中默念道：爹娘，你们的不孝儿回来了、回来了。堂兄见到一脸悲戚的张成润，什么都没有说，径直把他引到家门前。儿时的房子还在，还在啊！30多年过去了，这两间房子依然默默地守候在原处，等待它的主人归来。张成润鼻子一酸，泪水落下来。房子还能住人！他揩一把涕泪，三步并做两步地走进去，拍拍墙，摸摸灶台。他知道，这些年都是堂兄帮他给父母上坟，照看这无人住的家，转身对60多岁的兄长深深地行了一个礼：多谢哥哥！

看到开平农村生活比农场更艰苦，另外三户人家打了退堂鼓，可张成润仍然坚持要回家乡。几经商量后决定，已参加工作的二女儿张瑞笑和三儿子张兆荣留在农场，他和妻子带着 4 个年龄小点的孩子于当年年底回到他的出生地金藤里村。

在金腾里村度过的 3 年时光，给张兆明留下了一生中最难以忘怀的回忆。他学会了游泳，学会了在退潮的河里抓鱼捉虾，正是在少年时期掌握的这身功夫，让他来到沙河工作后，还会兴致勃勃地与同事一道到深圳湾海边去抓鱼虾。当然，这 3 年带给他的更多是苦涩的记忆。他失去了敬爱的父亲。他说此事怨不得谁，父亲对家乡感情太深，又太克己。他记得 1962 年的中秋节，家里虽只买了一块月饼，但父亲会细心地切成 6 小块，分给家里的每一个人，父亲看着他们吃完后才吃下属于自己最小的那一块；那一次，父亲因为劳动时淋了雨得了重感冒，家里花 5 角钱买了一小块肉想煮汤给父亲补补身子，就是那一小碗肉片汤，病中的父亲也不肯独享，一定要子女们每人都吃一口，然后才肯端碗喝汤。1963 年 11 月 1 日，回国才两年多的张成润被那场重感冒夺去了宝贵的生命。失去了父亲的支撑，四哥兆德又去当兵，家里没有了劳动力，兆辉、兆明兄弟俩只好弃学在家，为生产队放牛挣工分，以换取口粮。最后还是在外地哥哥姐姐的帮助下，经过申请，母子 4 人于 1965 年底重新回到蕉岭华侨农场。

经历了3年真正乡村生活洗礼的张兆明成了一个懂事的“小大人”，加上有三哥张兆荣和二姐张瑞笑的照顾，一家人的生活才重新走上正轨，起码，他又可以继续上学了。可好景不长，1970年底母亲突然中风，卧床不起，家里生活的“钟摆”几乎又要停顿。正在读高中的他和五哥张兆辉轮流照顾起母亲，两兄弟虽年轻，但已经过生活锤炼的他们把病中的母亲照顾得无微不至。灯光下李管养叹息流泪，一次次对两个儿子说，对不起你们，拖累了你们。见此情景，兄弟俩只好放下书本去好言劝慰母亲。5个月后，这个生养了9个孩子、历经人生各种艰辛的母亲永远地闭上了眼睛。临终前，她交代孩子们，他们的父亲一直有个心愿，就是有朝一日能在老家开平盖一栋自己的房子。对此，张兆明和他的兄弟姐妹不敢忘记，尤其是亲耳聆听母亲遗言的张兆明。2009年，他提前两年退休，回到老家金藤里村，历经半年，在自家的菜地上盖起了一栋三层楼高、五房二厅的房子，与不远处的“安怀楼”遥相对应。此时，离父亲去世已过去37年，他们终于圆了父亲的梦。

为了圆这个梦，张兆明也是几番拼搏。20世纪80年代初，他虽是蕉岭华侨农场茶厂的车间主任、一位小有名气的“制茶师”，但始终觉得自己学业不深，专业知识也缺乏。因此，他积极上进，曾作为农场第一批学员到广东省农学院脱产学习半年。由于工作认真负责、勤劳肯干，他被农场评为“优秀团员”“青年突击手”。不久结婚成家，妻子刘素芳，印度归侨，两人十分恩爱。此时深圳沙河华侨企业总公司正在省各华侨农场“招兵买马”，张兆明跃跃欲试，经农场推荐，考试合格，1982年8月，张兆明夫妻双双调进深圳光明华侨电子厂。

来之前，张兆明内心是矛盾的。对新生活的向往，让他毫不迟疑地选择深圳，希望自己能投身国家正如火如荼进行的改革开放洪流中。可他对蕉岭华侨农场是有感情的，正是因为农场再次接纳了他们母子4人，才使他有机会重新走上课堂，在那里工作并成家立业。农场还有他的亲人们，其中三哥张兆荣性格温和，跟他最谈得来。他始终记得那次母亲病故，他急忙去通知在黄竹坪水库工作的三哥，兄弟俩一起骑车赶回华侨新村。下坡时自行车刹不住，直往山脚冲，慌忙中张兆荣大声呼唤弟弟赶紧跳车。跳下车来的张兆明立即去追赶直往山下冲的自行车，直追了100多米，才把车强行拉住。这次“跳车”事件让张兆明一下长大，他事后想，患难见真情，危急中哥哥想的不是自己的安危，这让刚失去母亲的他内心十分温暖。让他感到浓浓亲情的还有五哥张兆辉，虽然比张兆明大不了两岁，却既是兄长又是家长。1976年，大哥二哥邀请农场的弟弟们来北京玩，虽然二哥资助路费，吃住可在大哥家，可懂事的张兆辉还是不想增加哥哥们的负担，只让弟弟兆明一个人去，还把家里仅有的300元钱全都给了他。20天时间里，25岁的张兆明游遍了北京的名胜古迹，站在古老的长城上，他极目远望，心潮澎湃，如果说以前他还不太理解父亲对祖国、对家乡的那一腔深情，现在他有点理解了。人是需要这种家国情怀的，想到11年前去世的父亲他难过起来，本来这个机会是该给父亲的，如果父亲还在人世，看到祖国这大好河山，该是多么的高兴啊。

这次北京之行，让他开了眼界，思想上也受到很深地触动，他对北京的大街小巷有了一种说不出的情感，对大哥一家人有了更深入的了解。回到蕉岭华侨农场，张兆明感觉自己对工作、对未来有了与过去完全不一样的想法，他的眼光不知不觉变长远了，脚步更踏实、沉稳。

1982年8月，张兆明夫妻离开蕉岭华侨农场，会开车的三哥张兆荣借了一辆货车亲自送他们俩来深圳。此去虽只400多公里，在当时却是路途遥远，天不亮就得出发，能在傍晚到达已算顺利。车厢里家具没几件，烧

1986 年与同事在一起（前排中）

火做饭用的木柴倒是占了一多半。梅县是山区，多木柴，到了深圳后才知道当时的沙河工业区也不缺烧柴，工厂旁边就是燕晗山，那时管理也不严，只要勤快，山上枯枝烂叶多的是。

一开始他们住的是茅草房，睡的是从农场带来的沙发床。虽然条件艰苦，但吃东西却便宜，猪肉 1 元多 1 斤，活蹦乱跳的虾才 5 毛钱 1 斤，这对于在农场生活了十几年的张兆明一家人来说口福不浅。他记得那时自己的工资是商业五级，月薪有53元，夫妻又是双职工，所以生活完全没有问题。他便把心思全部放在工作上。刚开始被安排在“设备动力部”学电焊，半年后就调去仓库，不久就当了仓管副主任。1983年底，张兆明光荣地加入了中国共产党，成了一名共产党员。1984年他担任了物料部的支部书记，这一当就是十几年，最多的时候他所在的支部党员近百人。

作为企业的支部书记，既要抓党建工作，自己本职范围内的工作更不能误，没有时间挤时间，大不了不回家，24小时都蹲守在仓库里。在他和同事们的努力下，总部的仓库管理工作开展得井井有条，不仅账目清清白白，安全生产也是顶呱呱，没出过什么事。所以，张兆明那些年几乎年年被华侨城建设指挥部评为“安全生产先进个人”。这事看起来容易，似没有多少技术含量，却要求工作人员有强烈的责任心和大公无私的精神，这点张兆明体会最深。他说他在康佳工作27年，大部分时间都与仓库打交道，没有免费拿过公家一分钱的东西。“拿了睡不着。”也因此，张兆明多次作为“钦差大臣”被厂领导派往全国各地去查库存、查账目。他在一年半时间里跑了全国37个地方，创下了10天内跑广州、沈阳、武汉、石家庄等4个城市的“历史”。“真正的马不停蹄，连轴转，不知道累，就是在路上跑。”不少同行都领略过他的铁骨柔情。铁骨是因为他有一双明亮的眼睛，一旦发现对方账目不清就不会讲情面。而柔情是指只要能做到“完璧归赵”，把账填平，他也不会打报告，更不会在背后议论人。也因此，大家都敬他三分，不服不行。

1979 年成立的光明华侨电子厂经过 10 多年的发展，远远超过了最初的设想，“跑出”了一系列大跨步的动作：1989 年 10 月，经深圳市政府批复同意，它正式更名为“深圳康佳电子有限公司”；1991 年 8 月，公司改组为中外公众股份公司，1992 年 3 月 27 日，康佳 A、B 股票正式上市；1996 年 3 月荣获广东省首批名牌产品称号，产品质量闻名全国；1998 年，康佳彩电市场零售跃居全国第一；1993 年开始，康佳集团股份有限公司走出特区；到 2000 年，成功兼并内地国有企业 8 家，盘活国有资产 5 亿元，创造产值 135 亿元，初步实现了大集团跨省区、跨国经营的发展目标。

张兆明可谓见证了康佳集团一路走来的光辉历史。也就是从 1993 年开始，他的足迹遍及了祖国的东北、华东、西北、西南等地区，到 2000 年他甚至还回到他的出生地印尼待了一年多时间，因为集团也在印尼开了一间分公司。回国后，他直接到了东莞，康佳人习惯称它为“莞康”，又仍然做回他的支部书记。可以这样说，凡是有康佳的地方，都曾出现过他的身影。他没有多大官职，却一身正气，两袖清风。为公司挽回了多少损失，这笔账他没算过，但是所到之处，留下的清白作风才是他“核查”的真正意义所在。回忆往事，在他脑海中萦绕最多的是领导那句“让老张去”，为了对得起这句话，不管将面对怎样的局面，他毅然前行。谈不上有多伟大的理想，就是为了一种信任，一种承诺，一个普通的共产党员该做的。

退休后的张兆明又在社区党委担任支部书记，“张书记”又成了社区的大忙人，为社区大大小小的事情忙碌不停，直到近两年，他才真正卸任，过上相对清闲的退休生活。现在，他一年中除了个别时候回开平老家，大部分时间都住在光侨街的老房子里。走燕晗山公园成了他日常生活的一部分，望着山下林林总总的高楼，他深情地说，是康佳的工作经历让他有了丰富的人生体验，让他觉得有意义、有滋味。他感谢康佳，感谢当年的老厂长——傅谭喜，还有他的那些朴实可爱的同事们。他说，凡是到康佳工作过一段时间的人，身上都有一种气质和魅力，即使离开也不怕找不到工作。这是企业文化打在个体身上的深深的烙印。深圳正是有拥有无数像康佳这样优秀的企业，创造或者改变了成千上万的生命个体，才在短短的40年间创造了举世瞩目的成绩。

张兆明之所以能全身心地投入工作，除了他有一位贤惠的妻子刘素芳全力支持他外，还有一个不能不提到的人，就是他的岳母——古秀英老人。

1926年出生的古秀英应是沙河地面上年龄最大的归侨，到2020年就整整94岁了。这一年的4月16日，她所在的光华社区党委派人上门开展疫情慰问，见她右手打着绷带，一问，原来是骨折了。张兆明向来客介绍道，岳母人一辈子爱干净，虽然90多岁了，每天都要洗澡，还要坚持自己手洗衣服。这不，卫生间地面不小心洒了点水，就摔了一跤。

正在接受采访的94岁印度归侨古秀英老人

“左肩膀前不久也摔了一下，刚刚好点。”他补充说。

老人家眼望着女婿，知道在说她。虽然耳朵已不太灵光，但眼睛看得见，头脑也清楚。此时她端着右手对来人苦着脸说："老了，我现在什么也做不了啦，做不了啦。"边说，边拿纸去擦眼睛。

"就是不服老，也不愿意老。"女儿刘素芳在旁边接话说道。

家里有一位上了90岁的老人，而且脾气还这么执拗，作为女主人，心情焦灼是可以理解的。相比，张兆明倒是心态平和。他说，当年正是被这对母女俩的勤劳热情所动，失去父母之爱的他在找对象时就很希望能遇到一个有母亲、让人觉得温暖的家庭，所以一走进那个纤尘不染的母女之家，被人一番嘘寒问暖，他内心就被触动了。事实证明他的选择是正确的，这几十年，他基本上没为家庭事操过心，虽然是双职工，儿子有岳母照顾，家里有岳母打点，回家热饭热菜等着，他觉得很幸福。现在古秀英老了，该轮到他来孝顺她了。不光他本人，就是他的很多同事也都关心老人的晚年生活。因为，古秀英不仅带大了他的孩子，还帮他好几个同事朋友看管孩子，得到了大家的一致称赞。她是一个有爱心的人，尤其爱孩子，这可能与她的人生经历有关。

凡了解古秀英身世的人，都会对她寄予同情。在她身上，浓缩了旧时代一代妇女的可悲命运。她出生在印度，父母亲来自中国广东梅县，还在母亲怀里吃奶时就被送走，成了一名童养媳，自己却被完全蒙在鼓里。她没读过书，四五岁就开始洗衣服，十三四岁学到了一手烫发的好手艺，15岁不到就嫁给养父母的第二个儿子，一直把养父母当作自己亲生的父母看待。幸好她有三个表哥在印度，他们都很喜欢这个孤苦伶仃的表妹。其中最疼爱她的二表哥在她长大后偷偷地对她说："妹妹，这个不是你的妈妈，也不是你的爸爸，你的爸爸妈妈在中国，不是在这里。"

听此消息的古秀英惊得说不出话来，立即跑回家问养父母。遭到否认后不甘心，缠着表哥要来爸妈的中国地址，求人写了一封信到国内。问妈妈为什么不要她？她很想回中国，很想见妈妈。

从此古秀英多了一分心思，她一定要回国当面问自己的妈妈。实际上，在那个特定的时代，中国家庭生下女儿养不活送人是非常普遍的事，尤其在国外。她的母亲生下她后，很快就回国了。要带上一个婴儿，加上路途遥远面对很多不可知的因素，多么难。可古秀英偏偏实心眼，就是想不通妈妈为何不要她，抛下自己的女儿在她看来这太不可思议。

没有收到回信。然而此时古秀英已经坚定一个目标，一定要回中国去。她与丈夫离了婚，1966年，带着7岁多的女儿千辛万苦地回到中国。后来母女俩也被安置在位于梅县的蕉岭华侨农场。

古秀英虽然没有什么文化，但她有一双勤劳的手，回国后的生活倒是很顺利。见到了自己日夜思念的亲娘，还有一母同生的亲弟弟和妹妹，一下多出来几个亲人，这可把她乐坏了。一年总有几个月，她会和自己的亲人生活在一起。加上找了张兆明这个听话的好女婿，抱上了白胖的小外孙，更是让她觉得当年想尽一切办法回国真是太对了。人生有苦有甜，生活最后给了她一个大大的笑脸，她很是欣慰。

就是性格太好强。陪伴了她60多年的女儿笑着说。

好强也是时代造成的。一个女人，处在那样的环境中，不好强，活不下来。张兆明十分理解自己的岳母。

“不仅她，新中国成立前所有在国外谋生的华侨都是很自立自强的。努力去挣钱、去拼搏。挣了钱就想回到家乡。”

张兆明的话，道出了无数海外游子的艰辛与不易。家在哪里，根就在哪里。

一对特殊的婆媳

——缅甸归侨古欢招与她的印尼婆婆

即使用再挑剔的目光打量古欢招，也都不会到把她与一个年近六旬的妇人联系在一起，身穿绿毛衣的她看上去皮肤紧致、体态婀娜、笑容甜美，走在路上还会迎来回头的目光。

这样的人，往往除了天生丽质，还因生命中得到了某种眷顾，使她可以活得比别人从容雅致。果然，古欢招是家中最小的孩子，从小就是父母亲的掌上明珠，嫁人后又遇到一个好婆婆。这个印尼婆婆与她在一起生活了 20 年，常年帮她操持家务，使她可以抽身在外忙自己的事业。20 年光阴不长也不短，最可贵的是婆媳两人能和谐相处。

“当然也不是完全没有摩擦啦。”古欢招快言快语地笑着说。“我们两个都会察言观色。只要发现我生气，婆婆就会走开。如果她不高兴了，我也会悄悄地躲到一边去，两人之间已形成一种默契，很少有针锋相对的时候。”

说着容易，做起来难。

“可能我觉得婆婆这辈子不容易，离开自己的国家自己的父母来到中国，回国后6年不到公公就过世，她一个人带大5个孩子，实在是太不容易了。”

说起离世10多年的婆婆，古欢招话语一串串的，看得出，她对婆婆是真心的尊敬与同情，20年相处下来两人已情同母女。更何况，她现在也是当外婆的人了，整天围着两个小外孙女转，她更能体会到当年婆婆给她带孩子时的小心与不易。

古欢招虽只寥寥数语，即把一位来自异国他乡的母亲坎坷艰辛的一生勾勒出来，其中的酸甜苦辣，难以与人说。

个人的命运离不开时代的“打磨”。

先讲古欢招。与沙河其他归侨归国前的经历相比，古欢招算幸运的。回国前他们全家住在缅甸仰光40条街（也称“唐人街”）191号三楼一个百多平方米大的房子里，生活平静。1962年出生的她对那片国土印象模糊，只依稀记得家里的房子结构、走向家门的那个高高的楼梯，还有就是著名的瑞德宫大金塔。关于他们一家在缅甸的生活，可以从她一直保存的两张旧照片上看出端倪，一张摄于仰光机场，一张在照相馆，都是1968年2月她二哥以学生身份回国之际全家人一起照的。照片中的她穿着无袖小短裙，头顶一侧扎着一只小发辫，还别了一朵花，显得非常活泼可爱。而她的家人尤其是父母亲，无论是发型还是服装都颇显时尚庄重，照片中的母亲烫头发耳戴金环，父亲头发也规整地往上梳着，腕上戴了手表，说明她们一家人当时在缅甸的生活状态不算太差，非底

1968年2月二哥回国前的全家照（右一）

层民众。

二哥回国的决定是父亲古耿昌做出的。之前也颇经过了一番踌躇。这位 1923 年出生在缅甸仰光、因战乱一度回到家乡的广东梅县人，对这个东南亚小国怀着一种故乡般的情感。他出生于此，在这里度过了童年和青年时光。虽然只勉强读了几年中文书，但古耿昌聪明伶俐，14 岁就经父亲古佐泗介绍到仰光唐人街上一家名叫“珍金鞋店”的店铺当了一名学徒工。他的父亲是这家鞋店有名的鞋面师傅，母亲则在另一家服装店做唐装纽扣。1939 年，日本战机轰炸缅甸，仰光处于一片战火之中。一个月后，古耿昌的父亲古佐泗带着家人逃难，一路向北。最初，古佐泗无意回国，20 世纪初他加入沿海地区移民东南亚的浪潮（史称第三次浪潮），从家乡广东梅县来到经济相对繁荣的缅甸谋生，一晃近 30 年过去，他已经熟悉这里的一切，生活不说安逸，但维持生计没有问题。因此还想继续留下来，便决定先到曼德勒的郊外躲一阵子，一边给当地人做鞋，一边等待时局转变，其中搬了几次家。当年底日本飞机又轰炸曼德勒，不久战火就燃遍了整个缅甸境内，直逼中缅边境。古佐泗见躲无所躲，只得下决心带家人回国。由于缅甸实行“鸦片部分合法化”政策，其首都仰光暗布鸦片烟馆，民众偷食鸦片情况十分普遍，古佐泗不幸沉沦其中，染上烟瘾。途中犯瘾，加上一路奔波劳累，内心忧惧，竟在一家人千辛万苦到达云南昆明后不几天，即一头栽倒在地，抛下妻儿而去。

年仅 17 岁的古耿昌擦干眼泪，勇敢地挑起父亲的担子，陪着母亲和弟妹，乘火车从昆明经贵州、广西、湖南，最后到达终点站韶关，再坐汽车，一路颠簸回到梅县。好在这些年他们一家虽人在国外，仍与国内保持密切联系，经常都会寄些钱物回来，连古耿昌的童养媳也是国内的亲戚在乡下帮忙找的，所以在亲戚们的帮助下，他们很快在故乡安下家来。

1944 年，古耿昌在母亲的安排下，与自己的童养媳梁桂兰在乡下拜堂成婚。次年日本宣布投降。1946 年汕头的一家鞋厂到梅县招工，为了生计，他离开了家乡。不久缅甸政府向外发出公告，凡在战乱时期离开缅甸回国的华侨如想再回缅，缅政府欢迎并将派出船只接应。古耿昌得知消息后心中一动，回国这 7 年多让他觉得挣钱不易，他的思绪飘回了过去的岁月，然而要离开家人又让他心中不舍。权衡再三后他做出了决定，家人也同意他的选择，就这样，1947 年 8 月的一天，他只身一人轻装上船，由汕头经香港，辗转新加坡和马来西亚，历时 20 天，最后到达仰光。

满怀希望和信心重返缅甸的古耿昌没想到迎接他的是一副他做梦也想不到的情景：街上静悄悄，看不到多少行人。偶尔看到一两个，也是缩着脖子行色匆匆地前行。好在这一戒严令未持续多久，他又回到原来的店铺做鞋，家里的房子也免于战火，一切都在悄然复苏中。曾目睹国内生计艰难的古耿昌写信叫来自己的弟弟，让他跟着自己学习做鞋的技术。1948 年年末又将妻子接出，只留母亲和妹妹在国内。1952 年祖母仙逝，此时古耿昌的大儿子已出生，他派无家室之累的弟弟先行回国，以帮助母亲撑起家门。

岁月如水般流淌。后来那些年，古耿昌凭着自己一双灵巧的手让一家人衣食无忧，还有余钱接济国内的母亲和弟妹。到 1967 年，他已是一个拥有三儿两女之家的男主人，古欢招是他最小的女儿。

如果不是 1967 年缅甸开始出现有组织的排华，关闭大批华人学校，令他的孩子们无书可读，古耿昌不会把自己的两个儿子先后送回国，他们一个被安排在湖北宜昌，一个在江西宜春。见两个孩子都回了国，兄弟俩还不在一处，古耿昌心里有了牵挂。加上排华没有停止的迹象，生意也不好做下去了，1969 年 2 月，夫妇俩带着最小的 3 个孩子和 5 个小铁箱坐飞机飞回了昆明，最后在广东英德华侨农场安家落户。一晃又是30多年过去，大儿子定居在了澳门，二儿子一家在云南生活，小儿子三次冲击高考，最后成功考取大专学校，现在是清远市中心血站站长，最小的女儿在深圳特区工作且表现出色，古耿昌感到很满意。以88岁高龄辞世的他，晚年常常向孙辈们谈起自己“经历战火、三进三出、终得善果”的一生，嘱咐年轻的一辈：身处和平年代是幸福的，要珍惜。

古欢招的丈夫张亚仙是印尼归侨，1960年8月出生在巴厘岛。他的母亲是正宗印尼人，父亲却是出生在龙目岛的二代华侨，祖籍为中国广东台山。这样的中印混血家庭在印尼本土也不多见。张亚仙有一双大大的深深的眼睛，和普通中国小男孩相比，他的肤色略显暗沉，其他则没有太多的不同。才两岁多的张亚仙无从知道母亲在回国之前经历了多大的阻碍，这阻碍来自他的印尼外婆，他是长大后才听家人说起。当年外婆一听说女儿要离开自己的国家，就把头摇得似拨浪鼓般的，极力反对女儿来中国，最后不惜以断绝母女关系相威胁。那段时间，母亲“加德里”和外婆一次次发生激烈的冲突，他和哥哥姐姐都不太明白发生了何事，只是总看到母亲和外婆在大声争吵，母亲一次次哭泣着跑出外婆家门，抱着路边的一棵大树痛哭不已。

加德里作为土生土长的印尼姑娘，本不愿离开本土及父母亲人，当初看上了英俊聪明的中国男孩张朝光，家里人就不同意。可她执意要嫁给这个比她大十几岁的中国男孩。他能说印尼话，会趴在地上修理汽车，与游手好闲的那些印尼男孩比有很大的不同。再说他有一双大大的黑黑的眼睛，她浪漫的天性觉得这双眼睛深不见底，很让人着迷，她想沉下去、沉下去，去感受另外一种她无法想象的生活。他们终于冲破重重阻力结了婚，很快有了 4 个孩子，丈夫勤劳肯干，没让她失望。她做梦也想不到会有这一天，她要面临着这样一种抉择：要么与丈夫和三儿一女一起回中国去，要么与他们从此分离，一辈子再也无法相见。想到她再也见不到丈夫和孩子们的身影，她就觉得心里堵得慌。更何况她的身上又有了丈夫的血脉。当她看到身边有印尼母亲因种种原因选择留下，最后因思念儿女而致精神失常的情形时，她下了决心，除了跟着丈夫和孩子们去中国，她别无选择。

对她的决定，张朝光自然是感激不尽。这个对自己不离不弃的印尼妻子还真不错，他深情地望着她，脑海中想起了另一个同胞的遭遇。这个人也是像他一样娶印尼女子为妻，也答应了一起回中国，可就在一家人去坐船的路上，她却声称掉了一件重要东西需回家取，马上赶回来。中国丈夫相信了她的话，却始终等不来她的身影，船开了，孩子们成了没娘的孤儿。所以张朝光一开始也想过自己的妻子会不会犹豫，会不会也做出类似的事，尤其是岳母一家如此反对。他该何去何从？可这两年在印尼国土发生的关闭华人学校、不准县级以下的华人小商贩经商等一系列恶劣行为实在令人愤慨，这纯粹就是要赶人走。这种情况下他怎么会加入印尼国籍？不可能！不错，他是在印尼出生长大，但也不会忘记自己是中国人。现在好了，妻子愿意跟自己回唐山去（即中国），孩子们不会失去母亲了，他回国的劲头也更足了。1962 年年底的一天，张朝光带着他的印尼妻子和 4 个孩子上了中国派来的轮船——光华轮。龙目岛，他的出生地，现在也成了他的离开之地。

光华轮，取“光我中华”之意。它是 1960 年 1 月底由周恩来总理亲自批准从其他国家购买的船只，是新中国成立以来第一艘悬挂五星红旗的远洋船舶，先后 13 次到印尼接运华侨，能坐上这艘轮船回国乃光荣之至。

没有人来送他们一程。她大腹便便，一手牵一个孩子，边走边回头。多看两眼吧，把故乡的山山水水刻在眼底，刻在心里，此去山水迢迢，再归不知何时。

果然，这个决意追随丈夫的脚步离去的母亲再也没有见到过自己的亲人，再也不曾回到印尼。在轮船上，就有人为她办理了更改国籍的手续。薄薄的一张纸，却是她踏上中国国土的通行证，她看了又看，小心地把它藏进怀里。自那一刻起，她就在心里把自己当成了一个中国人。

广东普宁华侨农场在全省20多个华侨农场中不算大，60年代初多是以农田、茶桑为主。农场的职工很大部分都是来自印尼等东南亚国家的归侨。因为地处潮汕地区，其官方语言主要是潮州话，其次才是客家话。刚来农场的这个特殊的家庭很快引起了大家的关注。不会讲中文的加德里，等待她的首先是语言关，此外还有种田、种茶等农活，过去她基本不懂，现在一切都要从头学起。丈夫张朝光也是第一次回到自己的祖国，好在他能讲白话和普通话，与人交流没问题，只是同样不谙农事。刚开始几年，他们生活十分艰难。张朝光还是修车，他拼命地干活，想以一己之力给妻儿换来一个相对好过一点的生活环境，却不幸染上疾病，不治而去。

命运如此安排，让加德里伤心不已。这一年，她最小的孩子才5岁多，最大的也不过17岁。坚强的她擦干眼泪，挽起袖子，出工、做饭、收拾屋子，这个家庭又恢复了往日的节奏，孩子们背起书包去上学了，夜晚的家里响起了读书声、笑闹声，与普通家庭无异。有人看她是个好女子，想帮她一把，托人来提亲，她摇摇头，把来人推到门外。

1980年5月，与同事们在光明华侨电子厂门前留影（前排中间）

对那几年的生活，留在张亚仙脑海中的就是每天母亲天不亮就起床，给他们几个兄妹做早餐，连带把午饭也做好。为了怕饭着凉，他常看到母亲把中午要吃的饭装好裹在棉被里，等他们放午学回家，再把饭从被中端出，炒一两个菜，一家人就可以开饭了。母亲从床上被窝里端出饭来的情景深深地印在了这5个孩子的记忆中。

此时此刻，与普宁华侨农场相隔300多公里的广东省英德华侨农场同样聚集了来自东南亚各国的归侨，古欢招家里仅父母兄姐，加上她5口人，负担不算重。她爱上学，还是学校舞蹈队的成员，所以成长的日子快乐无比。从她家里常常飘出银铃般的笑声，差不多整个区（英德华侨农场共分 6 个区）的人都知道古家有个美丽可爱的小女儿。1978 年她高中毕业了，像农场绝大多数子弟一样，就地在农场参加工作。英德华侨农场号称万亩茶园，在头一年里，她的工作对象主要是“茶”，首先是学会“插茶苗”。别看这个小小的动作，里面学问可大呢。老茶工手把手教她：茶苗要以 45°~60° 的角度插进泥土，然后用黑土、黄土覆盖，木棒压实，每天浇水且要浇透，使之保持阴湿，3 个月后芽才出齐，一年后移栽，就算大功告成。一棵茶树的寿命大多 30 年。比起“插茶苗”，“摘茶”更见辛苦。她记得，春天雨水多，她和一帮小姐妹背着茶篓穿行在茶树间。摘茶同样有技术，不仅手要快，还必须留下两片嫩茶叶让它很快能重新发芽。几个小时过去，背篓里浸了雨水的茶叶虽只十几二十斤，却越来越重，晚上收工回家，这些年轻的姑娘们也直喊腰酸背痛。

正是这段工作经历，让古欢招初晓世事，任何工作想做好都要付出辛劳。那一天，区长亲自来到她们家通知她参加考试，说如果考上了，可以去深圳电子厂当工人。乍听到消息，她的心激动得快要跳出来，等来人一走，她抱着母亲在原地转了几个圈。“快把我放下来。”母亲头晕目眩，她咯咯地笑个不停。那一晚，她是哼着“洗衣歌”欢快的旋律入眠的。她可喜欢这首歌了，进进出出都哼唱不停。那次考试主要考“英语”，整个农场共40个人参加，最后只录取了10名，2男8女。1979年5月，她到了深圳光明华侨电子厂后发现，他们这些归侨子弟是厂里招的第一批员工。陆丰、海晏这两个农场也是按照这个比例来招人的。晚一周从普宁华侨农场来的张亚仙像其他男员工一样引人注目。

让古欢招骄傲的是，他们这批老员工见证了光明华侨电子厂的“凤凰涅槃”之路。第一年，因厂房未建设好，工厂临时租用光明农场的厂房；第二年，厂子迁到了南山沙河工业区靠近小沙河的一个矮矮的山坡上。古欢招和近300名职工来到了这里，她们定睛看去，这里甚至比光明农场还要荒凉，周围都是小树林、田野，不远处是蚝田，再往前走就是海边了。在光明农场，她们至少每天中午还能喝到新鲜的牛奶，这儿不仅没有牛奶喝，连水也是黄泥水。虽然两栋新厂房是按照现代化流水生产线设计建造的，还配有一个1800平方米的陈列室，比起同在工业区营业一年多的汽车修配厂确实现代多了。而且领导们不无自豪地向他们介绍说，这个深圳企业登记为001号的汽车修配厂车库是拆了办公室的隔墙搭的，车间也是厂里职工上山砍树搭的草棚子，言下之意电子厂的环境和设备算好的啦。但作为一个有着300名年轻职工的大厂连一个买日常用品的小卖部都没有，更谈不上活跃职工生活的文体设施，日子确实单调枯燥。厂里注意到这个情况，也为了提高职工的文化素质，从建厂开始到1983年，抓了职工的业务知识和基础文化学习，分初、中级给工人们开无线电知识和操作技术培训班，同时开语文和数学等文化补习课。厂里明文要求职工每周上二至三次课，如果两科考试不及格，年底就不能评为先进工作者。爱学习的古欢招抓住这个学习机会，狠狠地给自己补了课，这为她日后参加成人高考成功考取广州经济管理干部学院打下了基础。

古欢招没想到，她在插机这个行业一干就是16年。何谓插机工？原来该厂主要生产的两款产品电视机和录音机的底板上需要插许多的元器件，即使1982年厂里引进了具有国际先进水平的“电脑插件机”，但仍有一半的插件还是需要人工操作。古欢招觉得眼前这坐在桌子前的“插机工”活计，比起脸朝黄土背朝天的“插茶苗”实在轻松得太多，只要眼到手到就行。心灵手巧的她两年后就当上了插机拉拉长（即组长，手下员工有20人）；4年不到，成为由60人组成的插机线的线长；10年后，跃身一变为有员工300名的插机厂厂长助理。10年时间，她由一名普通女工成长为一名企业带头人，无论技术还是管理水平都得到了大家的认可。

工作上取得的成绩，也为她赢得了爱情。此时张亚仙是古欢招插机拉上的检查员，天天要跟漂亮的拉长汇报工作，接触多了，他的心思像眼皮底下潺潺流动的小沙河一样波动了。他想牵起这个可爱的姑娘的手，母亲加德里敢想敢爱的基因传给了他，虽然他只是一名普通的工人，可他还是想要试一试自己有没有这个好运气。

那段时间，古欢招在工作之余偶尔会和一群女孩子骑单车去罗湖玩，到沙头村淘港货。她也爱美，注意到近来有双脉脉含情的目光总是围着自己转。夜晚躺在床上，古欢招辗转反侧，“要嫁给他吗？”她问自己。对这个英俊潇洒、性格开朗、风趣幽默的男孩，她还算喜欢，自己也确实到了谈婚论嫁的年龄，张亚仙能在众多的女孩中间选中她，证明自己魅力不一般。在家人的催促下，她接受了他的追求。1985 年，他们所在的沙河工业区有了一个很洋气的名字——华侨城，这两个年轻人也于这年初牵手走进了他们自己的幸福小城堡。结婚后，张亚仙了解到古欢招希望把更多的精力用在工作上，他向她拍胸口，这个不是问题，他妈妈可以来帮他们来带孩子。1986 年 4 月女儿张璐出生。6 月，张璐的印尼奶奶加德里如约来到深圳。

古欢招说，是女儿张璐把她与婆婆这两个不同国界、毫无血缘关系的人紧紧联系在一起。印尼奶奶对孙女的疼爱较年轻母亲古欢招有过之而无不及，小时候的张璐基本是在奶奶的纱笼上度过的。所谓纱笼就是一块长布，印尼奶奶七弯八绕后将它变成了一个天然结实的口袋，孩子妥妥帖帖地睡在其胸怀里，安然舒适。古欢招现在也用它来带孙女，它看上去比广东人的“背篓”更安全。睡在奶奶怀里长大的张璐对祖母感情极深，加德里过世10多年了，她还能回忆起关于祖母的一件件往事。她说，从她能吃东西起，奶奶就变着花样为她做各种各样的印尼小吃——炸香蕉、炸马铃薯、炸虾片，从小吃到大的张璐也因此很能吃煎炸的东西。最令她念念不忘的是奶奶做的“咖喱酱”。这“咖喱酱”是用咖喱、香茅和椰子粉调制而成的，味道独特，芳香异常。自奶奶过世后，她曾四处寻找过这种味道，可哪里也寻不到。她笑着说，奶奶对她的宠爱已经到了无以复加的地步，小时候她总是“骑”在肥胖的奶奶身上，奶奶从小到大都不让她进厨房，她从小爱唱歌弹琴跳舞，奶奶是她最忠实的观众和最热切的粉丝……如今已是两个女儿母亲的她，表示不会像奶奶那样宠自己的女儿，认为女孩子还是偶尔要进下厨房感受生活的。

见祖孙俩相处融洽，古欢招开始把更多的心思放在工作上，加班加点是常事。她性格开朗，没有架子，成为了厂里的金牌“节目主持人”，业余时间经常带领职工开展各种文体活动，有她在的地方就有笑声，有活力。那些年，她所在的“康佳合唱团”，还多次到市里的“大家乐舞台”和“深圳大剧院”表演节目及参加各种歌咏比赛。最让大家印象深刻的是在1995年职工艺术节上，经古欢招提议，她所带领的团队为大家表演了一个反映生产线工作情况的舞蹈《康佳颂》，由于形象别开生面、形式新颖动人而引起轰动，被评为一等奖，一时好评如潮。

虽然忙于工作上的事，古欢招仍会抽时间陪伴家人，尤其是婆婆。婆婆的普通话印尼口音太重，外人基本听

1995年，与同事们在“康佳第二届职工艺术节”上表演“插机舞”

不懂，所以陪婆婆逛街、看病是常事。婆婆爱喝咖啡，喜欢花哨的衣服，爱尝试各种新出的饮料，爱到离家不远的印尼海鲜酒家喝茶，古欢招从来都是鼓励，希望她走出去，与更多的人交流。每次旅游或出差回来，也都会买衣服或礼物送给婆婆，婆婆就会穿出或拿出炫给自己的朋友们看。2000年电视剧《还珠格格》火遍全国，也迷倒了她的印尼婆婆。周末一家人围在一起看“小燕子大闹宫廷”，加德里看得哈哈大笑。快12点了，古欢招想睡觉了，婆婆盯着她手中的光盘说“看啊，看啊”，意思是再看一集。还有一件事，让古欢招记忆犹新。有一次特意带婆婆到蛇口海上世界参观“明华轮”，看到屹立在眼前的大轮船，婆婆两眼放光，指着船急切地对她说，当年我们坐的船和这个是一样的，“广州”，我们在广州上岸。那一刻，这个异国

印尼婆婆（左一）与怀中的女儿

母亲脑海中想起了什么？可以猜得出。后来加德里托人打听远在祖国的亲人，通过不懈努力，终于找到了。倔强的妈妈已过世，哥哥和弟弟安好，还写来了信。她虽然不会看也不会写，但捧着信纸，流泪不止。这泪水饱含了几十年深深的思念，幸福与曾经的不幸都在其中，让目睹这一幕的古欢招和张亚仙也不禁鼻子发酸。

2006年，在公公张朝光去世近40年后，婆婆加德里也到了最后的时刻。张亚仙和古欢招还想尽人子人媳的孝心，坚持要背她下楼去华侨城医院，伏在儿子肩头的加德里嘴里咕哝，意思不要再救她了，她不想再连累他们。这是印尼母亲加德里在人世间表达的最后的心愿。

好长一段时间，张璐都不愿相信奶奶已离开人世，她说好多年过去，她还会常常梦见奶奶。她结婚了，生小孩了，这些生活中的大事她都会在无人处喃喃地向奶奶禀报……加德里，应该听到了孙女的诉说吧。

生活之水不会停滞不前，现在的古欢招虽然已近60岁，还是像年轻时那样热爱舞蹈，她和几个好友组建了一个五六十人的舞蹈队，其中不少是归侨。她是这支队伍的“灵魂”，许多舞蹈节目都是她编排的。只要不刮风下雨，她们每天都会聚集在燕晗山上唱歌起舞，既锻炼了身体，又怡养了身心。

谈到对目前的生活，“很快乐，很知足。”古欢招笑吟吟地说。她的声音也是甜美的。

与她的“舞友”们一起参加社区活动（前排右二）

我等了你30年

——印尼归侨彭桂兰的亲情记录

2019年彭桂兰就已经年满75周岁了，对往事的回忆令她常有一种如梦似幻之感。岁月虽然过去一甲子，可当时父亲送别自己的情景仍历历在目：那是1960年11月4日，地点印尼丹绒，一个美丽的港口城市。她即将回国，载她回国的是一艘叫“美上美”的大轮船。船上将有380名乘客，都是清一色华人学生，其中有她认识的同校同学，也有不认识的外校同学。船重，吃水，无法靠岸，只能用小船一趟趟地接送离开的人和送行的人。安顿好她的行李，也就是一个装满牛油、咖啡、胡椒、饼干等吃食和衣服的大铁箱子，父亲彭永华就要坐小船离开了。走之前，他看了看在身边生活了16年的女儿，满头青丝，深深的眼睛，脸上皮肤嫩得能弹出水来。他似乎第一次注意到女儿长得如此单纯可爱，这清秀的模样简直令他心痛。刹那间，他怀疑自己做出的这个决定是否正确，他舍不得她走了。此时还能反悔吗？他知道不能。只好把眼光盯在妻子最小的妹妹身上，她也一路同行，比女儿大 3 岁。

“回去好生读书，两人关照好，得便就返来。”说

1966 年 10 月，摄于北京天安门广场

完他转身离去。彭桂兰看到父亲一边往外走，一边用衣袖揩眼泪，这让她意外。在她眼里，父亲有文化，字写得好，会修理汽车，是家庭的顶梁柱。这次回国也是在他的支持下才成行的，否则母亲张年英决不肯放她走。见父亲洒泪而去，彭桂兰像突然明白了什么似的，也忍不住流下泪来。她本能地追出几步，被小姨拉住了，安慰道："好了，勿伤心啦，能回国读书，几好的事啊。"

这确是实话。

彭桂兰从小就知道自己是中国人。她家祖籍广东揭西，当年爷爷随家乡人下南洋谋生，到印尼后什么苦活累活都做，一心想着把留在大陆的妻子和一双儿女接出来，果然如愿。后来便以种田种菜为生，渐渐扎下根来。她的父亲彭永华和叔叔则是来印尼后才出生的第二代华人。1950 年代后期，印尼国内反华势力抬头，已嫁人的大姑一家先行回国，然后是大姨一家，等到母亲的两个弟弟也于 1957 年先后回国，他们与国内就有了千丝万缕的联系。尤其是三舅从广州上岸后不久即赴上海读书，经常会写信来，向他们介绍国内的情况。当得知，印尼大批华人所办的学校被当地政府强制关闭、小妹和外甥女桂兰面临无书可读后，便极力劝她们回国。说国内很重视教育，学习环境也好。可张年英刚开始怎么也不同意，这位从未跨进过学堂门却很支持女儿读书的母亲，此时非常担心女儿离开家会不习惯，曾为此大哭了好几场。彭桂兰也舍不得离开父母，尤其是母亲。作为长女，她最知道母亲的辛苦。已经有了4个女儿，还坚持要把自己无人照顾的最小的妹妹接来身边。家里人口多，家务事总也做不完，还抽空做出各种各样美味的糕点让女儿去售卖，这任务就落到了彭桂兰身上，她从9岁多就开始骑着单车走街串巷。后来还在母亲的教导下学会了做衣服，用她父母的话说，做人一定要有文化，有一技之长。

当看到同学们都相约回国读书后，彭桂兰像被勾住了魂似的。她读书虽晚，却爱上了书本，到玛琅镇的“爱华学校”念到小学毕业。本想继续读下去，正好碰到“排华”，眼看无学可上。她多想像同学们那样回国读初中、高中，幻想自己能像舅舅一样成为一名大学生。她顾不得许多了，即使是母亲的泪水，便一个劲地去求助父亲。彭永华比较开明，觉得女儿回国读书也不失为一种明智的选择，眼下印尼当局出台了“十号法令”，不允许县城以下华人做小生意，造成了大批经营城镇日杂用品的华人小商贩失业，生活无着。继而又关闭学校，使华人子弟大批失学，不久连华人办的报纸也停了，也不允许国内报刊邮寄入境，这一切都让人担心惶恐。谁也不知

彭桂兰在印尼就读的勿里洞玛圪镇上的“爱华学校”

道未来会发生什么，便努力劝说妻子。在争得其同意后，张罗着给女儿买船票，默默地帮女儿打点所有行装。凡他能想到的东西都找齐了，还备好了给国内亲人们的礼物。彭桂兰后来才知，父亲也给家里其他人办了护照，以备不时之需。

彭桂兰看着身边满铁箱子的东西乐开了怀，她对母亲许诺，明年放暑假就回家。“还帮你卖嘢！”母亲听到她的话破涕为笑。她答应奶奶，一到中国就去看大姑全家人。奶奶看着她把大姑的住址写在纸上，放进荷包里，脸上露出满意的笑容。最让彭桂兰心里感到不安的是她的3个妹妹，尤其是大妹妹，比她小了5岁，她这一走，大妹妹就要来接替自己肩上的责任。看到她们投射过来的羡慕的眼神，作为长姐的她不忍直视。30年后姐妹相聚，大妹妹还记得当年姐姐离家带来的伤感，揶揄她道：你倒好，自己一个人回了国，抛下了我们。现在拿着退休金，多潇洒。彭桂兰闻言唯有苦笑，大妹和三妹如今都是六七十岁的人了，因不愿给儿女们添负担，还在自食其力，靠几十年做惯的裁缝活维持生计。小妹妹则一直开着小店，以换取不多的生活费。

船终于要启航了。带着期盼，带着不舍，彭桂兰离开了生于斯养于斯的这块土地。这么大的轮船她还是第一次坐，不由认真打量起来。在印尼，“美上美”号可谓家喻户晓，1960年2月29日，新中国第一次租派前往印尼的接侨商船就是“美上美”“大宝康”“福安”“海皇”等4艘轮船，分别满载在印尼遭受迫害的2000多名难侨回国。同样是这艘船，当年的8月13日抵达印尼雅加达，预备接走800名华人学生，却受到当地检察官的刁难，行李查了又查，拖延了21天才放行。如今她终于如愿坐上了“美上美”号轮船回国，怎不令她好奇骄傲？她看了看，轮船两层楼高，不仅气派，且船上设施齐全，船舱里也宽敞舒适，船上水手都是金发碧眼的外国人。

船一点点离开了岸，向大海深处昂然驶去，渐渐地，站着父亲身影的岩岸变成了一个小黑点，最后连这小黑点也看不见了。此时的彭桂兰双眼往茫茫大海看去，海上一望无涯，唯三两飞鸟点缀，远方天际处隐隐露出一线蓝光，再细看时，又消失不见。彭桂兰体验到一种从未有过的微妙心情，原来离开父母离开家，带给人的是这样一种茫然不知所措之感。她渐渐理解了母亲，往日种种回到心头。在船上的那几天几夜，她的脑海中充满了对过去生活的回忆，那个她出生的安静的“彭氏村庄”、躺在病床上的爷爷、妹妹们一双双水灵灵的眼睛、母亲哭泣着的脸庞、父亲踽踽而去的背影……刚刚离开就开始了思念，她赶紧低下头，悄悄擦去再次涌上来的泪水。

彭桂兰做梦也没有想到，这次分别会是她与父亲的永诀。此后父女俩便相隔天涯，仅凭鸿雁传书，诉说亲情。

1960年11月11日，经过一周的航行，船泊汕头码头，彭桂兰夹在熙熙攘攘的人流中，第一次踏上了国土。她下意识地四处张望着，看到鲜艳的国旗，听到雄伟的国歌，忐忑、兴奋、好奇，各种情绪都涌上心头。来不及细细品味，就开始了亦校亦家的学习生活。她顺利入读汕头归国华侨补习学校，成了该校的一名初一学生。小姨与她同班。可两人只在一起读了3个多月，就被几年前归国定居在福建泉州的二舅接走了。来接人那天，彭桂兰心里十分难受，这些日子，有小姨的陪伴，她感觉很踏实，两个人一起读书散步，一同吃牛油拌饭。如今小姨走了，她感到孤独无依。因怕父母担心，给父亲的信中也只是吞吞吐吐，欲言又止。好在她慢慢结识了一批要好的同学，大家都来自东南亚国家，习俗相同，能够惺惺相惜，彼此安慰。后来好几位同学成了她交往一生的好朋友。1990年她和丈夫第一次回印尼探亲，因机票费不够，这些同学纷纷解囊相助，这是彭桂兰人生第一次也是唯一一次向人借钱。

3年时间很快过去，毕业了，自己是初中生了。好几次，彭桂兰在无人处偷偷拿出毕业证书，一个人悄悄地看，心里既酸又甜。为了能读书，她离开父母亲人，多少个夜晚，与亲人们梦里相聚，醒来才发现是美梦一场。最难受是过年的时候，同学们都会想念远方的亲人，宿舍里响起一片啜泣声。后悔吗？如果说一点都没有那是假的。然而，更多的是一种积极向上的信念。书本上的知识、老师的话、所见所闻，让她的思想境界与以前有了很大的不同，她只希望自己能早日完成学业、多学点文化，将来可更好地报效祖国。

命运多变。高中只读了一期多，学业就终止了。学校接到通知，这些学生将分3批“上山下乡”，到最艰苦的地方去接受再教育。1965年9月3日，那一天，3辆大巴车停在校园，相处了3年多的同学要分手了，几年下来，让大家有不是亲人胜似亲人之感，自然依依不舍。彭桂兰上了开往普宁流沙的大巴车，她将从那里再转车去普宁石牌华侨农场。有的同学则上了开往陆丰或大南山的车。虽然不能自主选择，也没有太多的伤感，毕竟年轻，对未来的生活充满了憧憬。在一个三岔路口，3辆车往不同的方向驶去，彭桂兰不由自主地回头张望，只见那两辆汽车在群山注目下，急驰而去，卷起一路烟尘。这一场景，深深地刻在了她的脑海中，一辈子也忘不掉。

从1965年到1985年，这20年对彭桂兰说十分珍贵，在农场，她经历了人生一个又一个重要的阶段，往事历历在目：

1965年，她刚到农场就加入“青年突击队”，成为其中一员。

1966年，她成为一名教师。在这只有6名老师、学生年龄比教师小不了几岁的农业中学里当总务，兼教政治和音乐。这年的10月1日，她带着她的5名学生站在了北京天安门广场，成为广东省代表队的一员，和大家一起接受国家领导人的检阅。她很幸运，站在队伍前列，亲眼见到了那一张张慈祥的面容。她和大家一样，一直流着泪，幸福的泪水像不断线的珍珠挂在所有人的脸上。那一次来回一星期，她进了人民大会堂，观看了文艺晚会，参观了故宫、军事博物馆和北京大学。回粤的火车上，她见识了什么叫“人山人海”。

1968 年，她结了婚，爱人叫邹金昌，也是印尼归侨。两人当年坐同一艘船回国，后来在同一个城市读书，双方的家人也都在印尼。相似的处境使他们夫妻俩非常相爱，一年后大女儿出生。两个年轻人本来独立生活能力很强，但孩子一下出水痘一会儿起麻疹，手忙脚乱之下，最后还是请来大姨“压阵”，才勉强渡过难关。投桃报李，后来彭桂兰一直在生活上接济关心这个大姨。

与丈夫邹金昌接受学生的献花（1997 年）

1970 年彭桂兰调入离家更近的农场中心小学，

教语文和音乐，兼做学校出纳。

1973 年小女儿出生，为了给孩子增加点营养，她开始学习养鸡，生下的鸡蛋全部给孩子吃，有限的肉票也都买给孩子吃，彭桂兰那段时间也因营养不良身体出现不适。

1977 年的一天，彭桂兰突然接到一封海外来信，她一路小跑到传达室。将信拿到手中一看，发现不是熟悉的父亲笔迹。原来是公公的来信，在信里告诉他们，桂兰的父亲因在修理汽车时出了意外，已不幸去世，终年 53 岁。接信彭桂兰如雷轰顶，她怎么也想不明白，父亲为何突然说没就没了，这十几年全靠父亲的信传递消息和亲情。以后的日子该怎么过？她在家里躺了一星期，校领导和同事都纷纷上门来探望。此时，中印两国还未恢复外交关系，彭桂兰无法回去，只能默默地承受失去亲人的痛苦。

此后，国家恢复高考，夫妻俩全力扑在教学中，对两个女儿的学习也抓得非常紧。不久，国家实行改革开放，从 1979 年开始他们身边不断有同事调去了深圳、珠海等“经济特区”。1985 年，彭桂兰终于如愿以偿调来深圳，因一时无教师岗位，便进了华侨城刚开业不久的“深圳湾大酒店”工作。第二年，丈夫带着两个女儿也来到了深圳。听说去学校还要等两三个月，邹金昌二话没说去了刚成立的“华力包装公司”，主管仓库。教高中数学的他把仓库管理得井井有条，得到了香港老板的激赏，待再要调他去学校时，老板怎么也不肯放人。后来夫妻两人也就都留在了原单位，没再从事教学工作。

在“深圳湾大酒店”，彭桂兰工作了近10个年头。最开始，她负责管理层的客房，后来又调到“洗衣部”，高强度、连轴转的工作令她体力吃不消，每天下班回家，下肢都会浮肿。然而她不叫一声苦，自己去吃中药慢慢调理。由于工作认真负责，她受到了领导和同事们的一致好评，后来管起了洗衣部的侨联、工会、妇联等工作。

从父亲去世那天始，彭桂兰就一心想回印尼探亲，她知道，母亲在等着她。80年代，中印虽未“复交”，但民间的各种交流多了起来，让她的心里充满了希望。又等了10多年，1990年8月8日，中国与印尼正式宣布恢复两国正常外交关系。消息传来，彭桂兰一时激动得哭出声来，她对丈夫说，我们终于等到了这一天，总算可以回印尼看望妈妈、家婆和兄弟姐妹了。决定第一时间回印尼探亲，在等待的日子里，她依稀看见母亲翘首盼望她回家的身影。两个多月时间，出国护照总算办下来，拿到这两本薄薄的本子，她眼泪又掉下来，说做梦都没有想到真的会有这一天。机票奇贵，每人来回机票近万元人民币，彭桂兰拿出所有积蓄，仍有缺口，那就去借，哪怕从未向人开过口。那一天，飞机从香港起飞，经停新加坡，再到雅加达。到了，到了，她走下旋梯，喉咙发紧，目光如炬。小弟弟来接机了，这个1962年出生、她从未见过的最小的弟弟，一声“姐姐”令她眼前几乎发黑。可她只是对他点点头，说不出话来。汽车七弯八拐，在弟弟的引领下她终于走进了家门。

一进屋，就看到中间的两把椅子上坐着两位老人，她知道，一个是她的母亲，另一个是她从未见面的婆婆大人。最初的一刻，没有人出声，所有人都盯着彭桂兰。她想说话，想哭，可张不开嘴，喉咙里发不出任何声音，就站在那里，一动不动地站在那里，空气静得可怕。终于，她反应过来了，眼前这位就是她日思夜想的母亲啊，她走上前去，紧紧抱住这位有几分熟悉又有几分陌生的老人，发出一声惊天动地的哭声：“妈妈啊！”

顿时，哭声响成一片。彭桂兰搂着母亲进了另一个房间，她要一个人好好地看看自己的母亲。30年，她梦见母亲多少回！当年离开时母亲还是中年妇人模样，如今已经白发丛生，皱纹满面。她想过母亲会有变化，但这变化仍让她惊骇！

“想不到我们还能见面，我等了你30年啊！”张年英断断续续、泣不成声地说。

母亲的话让彭桂兰肝肠寸断，母女俩抱头痛哭。哭啊哭，不知道哭了多久，此刻，似乎只有泪水才能渲泄出她们内心的喜悦和悲伤。门被推开了，邹金昌陪着自己的母亲走了进来，彭桂兰渐渐止住眼泪。丈夫与婆婆也是分别了整整30年，而她与婆婆尚是首次见面。她不好意思地拉起了婆婆的手说，“妈，对不起！”她当邹家媳妇20多年，还从未为婆婆洗手做过一次饭煲过一回汤。

第二天，彭桂兰来到父亲的坟前。她双膝齐齐跪下，将头深深地埋进荒草中，一遍又一遍地哭唤着父亲。苍天无语，山地静默，更显得哭声幽怨。这个彭氏家族墓园还埋葬着她的爷爷奶奶、伯伯叔叔以及许许多多她叫不出名字的彭氏族人，他们都是20世纪初及19世纪从广东揭西出海而来的客家人，如今都埋在异乡的土地上。望着这一座座或高或低的坟墓，彭桂兰心中不由涌起一丝心酸，他们当中的很多人当年都是为生活所迫被人卖“猪仔”般地卖到南洋。玛垅是“勿里洞”第二大埠，被骗来此开山劈地的先辈们最早可追溯到晚清。讲究落叶归根的中国人，如今只能永远睡在这异乡蛮地。

回国前，小弟弟提出希望她能回到印尼和母亲家人一起生活，彭桂兰想都没想就谢绝了。她可以定期回印探望母亲和家人，但她不可能真正回归印尼，她的根在中国。

此后的日子，用彭桂兰的话说，发生了天翻地覆的变化。母亲和妹妹弟弟们一次又一次回到祖国探亲寻祖，只会说客家话不认识一个中文字的小弟弟发誓要在极短的时间内学会说普通话，认中国字。对这个弟弟，彭桂兰十分心疼内疚。那年父亲去世，15 岁的他就担起了养家责任，学做生意，并照顾母亲，吃了不少苦头。好在他非常聪明，只要认定了做什么事就踏实去做，现在日子数他过得最好。果然只过了一年，他的中文就大有长进，能认能说，只是仍不会写。不久他就多次回国参加产品展览会，还与国内做起了家具、五金等生意，由于诚信务实，他的生意做得很红火。经常来往国内的他还言传身教，让自己的小女儿学起了中文，叮嘱两个长期接受英文教育的儿子也要慢慢学一点中文，不要忘记自己是中国人。

生命总会要凋零。首先是与她相伴了 40 多年的丈夫。2005 年，邹金昌病危，担心妻子会不习惯没有他的生活，最后时刻拼尽力气细声对彭桂兰说：我们两人这一生都太不容易了，虽然不能再继续陪着你，但现在日子好了，你一定要坚强点，孩子们还需要你。

这朴素却又饱含深情的话语让彭桂兰内心如焚，她听进了丈夫的话，虽然失去了这一珍贵的人生伴侣，却一直乐观地生活着，还帮助两个女儿带大了3个外孙。讲起离世了近15年的丈夫，彭桂兰的眼眶仍然会发红。她说，过去的岁月，正是因为有他的相濡以沫，才挺过了那些艰难困苦的日子。

接下来是母亲。虽然让母亲等了30年，但让她欣慰的是，母女俩又有了后来十几年的相聚。这期间，母亲多次回国，她始终陪伴在侧。最令她难忘的是1997年她带母亲到北京游玩，母女俩来到了长城顶，母亲张年英高兴地像是对她又像是对广袤的天地说："好了，我到

1997年6月，彭桂兰与丈夫邹金昌陪母亲张年英（后排中）游览首都北京

过北京了，看见了天安门，登上了长城。”这一天，是彭桂兰最高兴的一天，多少弥补了过去的遗憾与伤痛。

这几年，作为长姐的她，不忘自己的职责，只要印尼亲人家里有事，她总会到场，比如母亲的“三年”、侄女满 16 岁的成人礼。虽然远离祖国，可彭氏家人仍然恪守客家人传统的礼仪和风俗，也让彭桂兰心动。随着年岁渐长，每一次回印尼，在她都是一次难得的相聚；每一次归来，都是最能慰藉她心灵的快乐旅程。

如今幸福的一家人

失去的家园

——印尼归侨张华枝的心底记忆

张华枝话不多，是一个非常老实本分的人，但只要和他人说起她们一家60年前在印尼遭遇的那场“火烧屋”，情绪立刻变得激动难耐。本来坐着的她，说着说着就站了起来，连说带比划地向听者描述她记忆中的那场大火：

“火是在1960年大年初五早上2点多起的。是有人故意放的火，想烧华人的店。那天我在睡梦中模模糊糊听到有人用客家话喊‘救命啊！救命啊！’便惊醒过来，然后拼命去推爸爸，他做生意回来不久，刚睡下。过后我跳起来去打开门，一看，不得了，外面熊熊烈火。我们住的是木板屋，烧起来那个快。耳朵里听到除了木材燃烧时发出噼里啪啦的声音，还有油桶爆炸的声音，总

大火前的印尼邦戛

之吓死了。我们全家人跑到屋外，个个都吓得全身发抖。什么都没有抢出来，全烧光了。能捡过一条命来就好了。”

“我一辈子都忘不了那场火。几十年了，还在脑中。烧了一大片啊，不记得烧了三天还是四天，火才完全熄灭，都烧成了灰。父母亲，所有人，望着这烧红了半边天的火，都哭了。”

“你说为什么不救火？我们住的那个地方缺水啊。吃的水都要用钱买，用的水主要靠盆子接，天不下雨，就没水用，一年也洗不了几次痛快澡。”

“那次还烧死了一个华人妇女，是个大胖子。她老公想拉她出来，可哪里拉得动，最后只慌里慌张带着两个儿子跑出来。他们望着那腾腾燃烧的火，想到里面的亲人，哭得好伤心。”

“火烧完后，爸爸还带着我们到原来住的地方去看了看。爸爸心痛地望着那烧成了灰的家，那是他一树一木建起来的家啊。”

张华枝，1950 年 11 月出生于印尼西加里曼丹省邦戛市。200 多年前，西加里曼丹还是个荒无人烟的原始森林地区，生长着全世界最棒的柚木树。后来华人大批来到此地，以开采金矿为主，渐渐发展到农业和渔业，一度这里成了印尼华人积聚最多的省份，也是整个印尼社会保持中华文化传统最完整的省份。20 世纪 60 年代中期，因“大红碗”事件在此地发端，造成约 20 多万华人遭受最严重的迫害。从此，西加里曼丹的华人人数骤减。

张华枝在家中排行老二，上面有个哥哥，下面两个弟弟和两个妹妹，全家 8 口人。她的父亲张伟骞，祖籍为广东揭西。家乡山多地少，生活贫困，加上又处战乱之年，饥饿成了常态。在父母嘱意下，张伟骞于 1941 年的春天随本村人外出逃生，漂泊到了印尼。身为家中长子的他，虽然只有 20 岁，但挨饿的日子可不少。饿怕了，只要能有一口饱饭吃，什么都干，当过码头工人、做过挑夫、卖过海鲜，一年后到了西加里曼丹这个名叫邦戛的小城市安顿下来。该岛虽然地处偏远，尤其是缺水，但是它靠海边，海产品多，基本不愁吃。所以，在印尼住了 20 年，他就没有挪过窝。后来儿女成群，张伟骞靠着一辆小推车，推到当地华人办的小戏院门口卖“加多加多”——一种常见的印尼食物，鱿鱼切片、通菜梗切段烫熟后加调料而成，以此也能养活一家人。年年月月下来，虽然日子寂寞平淡，他也没有太多的想法。毕竟山高水长，又拖家带口，“回家”二字该有多难。

在张华枝的记忆里，家里多为父亲主事。母亲彭银英，祖籍广东梅县，虽然是印尼第三代华人，但受家庭重男轻女思想影响，未曾读过一天书。张华枝还有 4 个姨妈，也都未跨进过学堂门，只有两个舅舅上了几年学。为什么读书这么难？也是因为岛上交通十分不便，华人办的学校比较僻远，而中国人又基本不愿意上印尼学校。好在父亲开明，张华枝长到快 10 岁终于走进课堂。上学的第一天是哥哥牵着她的手去的。哥哥也只是先她一年读的书。课本极简单，老师也是中国人。只可惜还没读几个月就发生了火灾。

虽然与外界接触少，但张华枝很早就知道自己是中国人，爷爷奶奶和叔叔等都在中国。空闲的时候，父亲会跟他们兄弟姐妹唠家常，让孩子们知道自己的身世，来自哪里，可不能忘了本，也借此慰藉自己思乡的心。自从

1941年从家乡跑出来，就与家里断了音信。父母身体还好吗？弟弟妹妹们还在饿肚子吗？他也听说祖国解放了，不打仗了，但究竟怎样，仍是茫然。加上他也不识几个字，一切全靠道听途说。张华枝忘不了，父亲时常会做一些老家的点心和菜肴给她们吃，客家菜包板、梅菜扣肉等，一边做，一边向她示范。父亲认为，她是家里最大的女孩，她得学会这一切。张华枝后来果然把父亲的厨艺都学到了手，客家菜、印尼菜成了她的拿手好戏。

火灾发生后，张华枝一家人暂时借住到外婆家。由于隔了一条马路，大火没有烧过来，外婆和舅舅家得以侥幸保存。此次火灾共造成此地8000多人受灾，大部分是华人，这些华人一夜之间家园被焚，变成了无家可归的人。虽然张伟骞一家有了暂时的栖息之地，但他内心十分焦急，去外四处打听消息。有一天，他回到家，兴奋地对妻子和孩子们说，中国要派船来接我们回家了，赶快准备一下。其实也没有什么好准备的，家里连一片纸也没有留下。张华枝的外婆及舅舅姨妈却不愿他们走，答应帮他们重建家园。可张伟骞不同意，现在好不容易有个机会回国，祖国派了船来，可直接从山口洋上船，不用绕雅加达走，多好。他已经打定主意，一定要回去。这次的火灾，让他彻底明白一个道理：有国才有家。外婆见劝不住，就哭哭啼啼地用客家话骂女婿："你都是吃不饱才从中国跑出来的，又回去干什么？这里什么都有得吃啊。"

终是没有拦住。整个住在邦戛的、屋子被烧了的华人都回国了。来了5条接侨船到山口洋外海，每条船都是满满的人。工作人员笑容满面地对上船的归侨说：你们上了船，就等于踏上了祖国的领土。这话听了真让人温暖。张伟骞自火灾发生后脸上第一次现出笑容，他对孩子们说，还是自己的国家好，坐船不用出一分钱，连吃的也包了。

在海上走的三天两夜，也构成了张华枝独特的人生经历。虽然晕船呕吐，但更多的是兴奋。作为一个10岁的已经略懂人事的小女孩，她还是第一次站在这么多讲客家话和潮汕话的同胞中间，虽然他们破衣乱衫，两手空空，但脸上都不由自主地露出笑容，她心中第一次涌现出"回家"之感。这种说不出的感觉让她深深地陶醉，越往前走，她的心跳得越快。看到陆地的那一刻，船上所有的人都欢呼起来，张华枝也不自觉地喊出了声。他们是在嘹亮的歌声中登上岸的，"五星红旗，迎风飘扬，胜利的歌声多么响亮……"码头上迎面一条横幅标语"强盛的祖国是华侨最有力的靠山"，只看一眼，归侨们的眼眶就湿热了。

只有张华枝的母亲彭银英的神色略显仓皇，这是从丈夫闹着要带孩子们回国开始。她能不走吗？即使离得了丈夫，也丢不下一群儿女。可这一走，也就再也回不了头，又如何舍得下爹娘兄姐，所以内心痛苦不已。临别，外婆把母亲拥在怀里，幸好有舅舅和姨妈在一旁好言相劝，拉扯开她们母女，才慢慢止住伤悲。舅舅和姨妈们把他们一家人送到码头，母亲一走一回头，两行泪珠清晰地挂在脸上。张华枝懂事地拉着母亲的手，紧紧地跟在父亲和哥哥后面。舅舅还送了粮油和锅碗盘碟水壶等一些吃的用的东西给他们，回国50多年，这些盘子碟子用旧了也舍不得扔掉，母亲彭银英像宝贝一样地爱惜它们，老了后又把这些物什给了张华枝。她也像妈妈那样对待它们，虽然多年不用，仍擦干净，包好，放在橱柜里。

一条南中国海海峡，隔开了中国与印尼。20世纪60年代有近20万印尼归侨回到中国，很多人再也无法回去看一眼这曾经的“第二故乡”，张华枝的父母就是其中之一。

1960年3月27日，张华枝一辈子也忘不了这个日子。正是这一天，天上下着豆大的雨，他们一家人来到安置地点——陆丰国营华侨农场。一看到住的地方，家人不由呆住了。房子小不说，由于下雨，墙壁正在一点一滴地往外渗泥水。原来那墙是稻草和泥巴糊就的，受雨水浸湿，便露出原貌来。此情此景让张华枝的母亲直抹眼泪，嘴里埋怨起丈夫，不肯进屋。张伟骞好言相劝：“一下回来这么多人，政府也来不及修屋。好歹是自己的家，发了吃的，还有床、棉被和衣服，先凑合着吧。”

张伟骞讲的没错。一年多后，他们家就住上了砖墙屋。虽然房子还是比较窄小，但毕竟可以一家人暖暖和和地住在一起了，也不用提心吊胆地过日子。张伟骞打从心眼里感谢国家能把他们这批难侨接回来，让他在自己的祖国重新有了家。最令他高兴的是，他见到了分别近 20 年的母亲和弟弟，老母亲拉着他的手，左看右看，不敢相信，面前站着的就是她日思夜想的儿子。为了表达对母亲的内疚之情，张伟骞还要把自己家里的口粮分一部分出来给母亲和弟弟们。所以那段时间，张伟骞埋头干活，不知劳累，张华枝在课余时间也要带着弟弟妹妹们去外面挖野菜、捋香蕉花，以弥补口粮的不足。在整个读书期间她是快乐的，她学会了唱歌。以前在印尼住的时候，她从来没有唱过歌，也不会唱，父母也不准她唱，怕引来“贼人”。这些“贼人”身上都藏有刀，常常深夜会去敲华人家的门。虽然她一次也没有遇到过，但父母的恐吓还是给她留下了很深的阴影。现在她想怎么唱就怎么唱了，她尤其喜欢听大人们唱那首叫“海外孤儿有了娘”的歌：“红太阳，升东方，海外孤儿有了娘，伟大的祖国繁荣富强，华侨同胞喜呀么喜洋洋。”哼唱着这首歌，她得意地发现，自己嗓子还不错。很快又学会了第二首歌——“华侨农场我的家乡”。现在的她，出出进进，口里歌声不断，像只讨人喜欢的百灵鸟。只是读到小学毕业，张华枝不肯再往下读。初中学校离得远，费用也增多了，家里弟妹多，她要回队里参加劳动，挣工分，为父母分忧。父母看她个子长得高高大大，也同意了。

1966 年 2 月 18 日，也是张华枝记得清清楚楚的一个日子，16 岁的她被分配到场武装部的青年突击队任女民兵连连长。为何这么年轻就当连长？张华枝呵呵地笑出了声。所有农活，在她手里都不难，一学就会。她不偷懒，干活比成年男子还着实，还给力。那两年多时间，她带着她的队员们到田里播种、上山开荒、野外训练，都是响当当的。后来领导发现她唱歌跳舞也在行，她便又多了个任务，领头唱歌：“社员们，为什么来种田，为什么洒下汗珠在呀田间，为什么一镐一锨治山又

风华正茂时

治水，为什么天大困难担在肩，担在肩。”

不久，场里便把活泼可爱的张华枝安排在幼儿园工作。她的角色也不断转变，先是成了妻子，后来又成了两个女儿的母亲。丈夫许燕兴也是印尼归侨，1962 年从印尼回国，在农场的基建队工作，虽然也只是小学毕业，但人非常聪明，动手能力强，自学木工后，家里大到睡床衣柜沙发橱柜，小到桌子板凳洗脸架，都是他的作品。后来还被邻居朋友请上门做家具，渐渐有了名声。让张华枝满意的是，丈夫人非常老实肯干，两口子性格很合拍，小家庭的日子过得温馨踏实。

因为童年的遭遇，张华枝非常恋家。她把家里的一切收拾得干干净净，什么时候走进她的家，都是窗明几净，纤尘不染。她也把这一好习惯传给了两个女儿。

1984 年，已创办两年的深圳华侨家私有限公司正在深圳沙河工业区办得红红火火，他们从日本、意大利等国家引进的热压机、大型多排铝机和自动封边机等先进设备让生产得到迅速发展，产品生产种类超过了 100 种，每月可产各种家私 4000 多件，由原来的以来料加工为主改为自产自销为主，产品远销国内外，名噪一时。这一年的 2 月，有木工手艺的许燕兴调到了这家公司工作，虽然他年龄有点超但仍被公司相中。11 月，张华枝也调来了，夫妻俩安排在同一家单位工作。

接下来，一个在车间里做领班，管产品的质量，一个在办公室做内务，两口子工作认真负责，受到领导和同事们的好评。张华枝津津乐道地说，刚来特区，两个人非常节约，省吃俭用，两年时间就把一台“日立”牌电视机搬回了家。那两年，他们一次也没有回过陆丰农场父母亲的家，不是不想，是能省则省，为了赶紧把小家安起来。张华枝为此很过意不去，但农场的父母能理解他们的心情。对于曾经失去过家园的这家人来说，家庭始终是最重要的。1991 年，张华枝一家人终于搬进了中新街荔枝苑 203 的家，4 口人，74 平方米的房子。张华枝很满足，她总是喜欢拿现在与过去比。在印尼，一家人小心谨慎地生活，家里还是被人烧了。当年初到农场，全家 8 口人也只住在 20 多平方米的房子，与那时比，现在已然是享福了。她的知足乐观的生活态度也感染了丈夫和两个女儿。新房的家具自然是许燕兴挑选的，既美观大方，又经济实用。大女儿高中毕业就进了康佳集团，如今工作快 30 年了，虽工资不高，但工作仍踏踏实实。只有小女儿，四处打工，不稳定，张华枝劝女儿，不要这山望着那山高，好好地待在一个地方干，多干几年，也能干出成绩。后来，小女儿听从了妈妈的劝说，确定了工作和生活的目标。

现在的张华枝退休已近20年，这20年，她帮女儿带大了孩子，时不时回去看望双方的父母大人。父亲劳累一生，在74岁那年走完了人生路，母亲则活到了85岁，很令她欣慰。后来这些年，她把生活重心转移到了社区，当了中新街社区老年协会的副会长兼歌唱队队长，唱歌跳舞，样样不落，还代表沙河街道参加了不少评比活动。家里几大本相册，装的全是她演出时的各种照片，真个是锦衣华服，色彩斑斓。农场的那些老朋友们也没有忘记她，2015年10月1日，陆丰华侨农场第四区举办了“三十八年再相聚，四区尖山感恩有你”的庆国庆纪念活动，张华枝被主办方请上台，再次为众人演唱了《海外孤儿有了娘》和

与其他归侨一起参加社区活动（右一）

《华侨农场我的家乡》这两首歌："总路线，放光芒，胜利的歌声到处扬，归侨侨眷跟着党，建设美丽的家乡，幸福的家乡……"

当熟悉的旋律响起，人们不禁沉浸在过去的岁月中：失去家园的痛苦，初回祖国的欢乐，读书工作的喜悦，干事创业的收获，一一回到他们的心头。这些当年还是孩童的归侨们，如今虽然已是满头华发，但无论生活在原来的农场，还是深圳大都市，他们都活得坦然、快乐、充实。

60 多年过去了，还保留着临别时舅舅送他们用的碟子

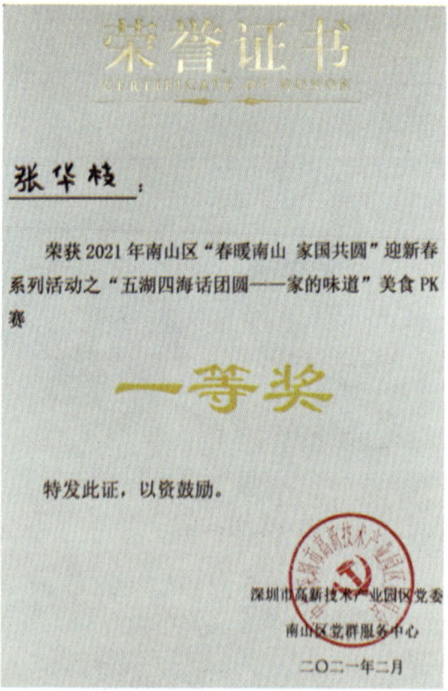

荣誉证书

CERTIFICATE OF HONOR

张华枝：

荣获 2021 年南山区"春暖南山 家国共圆"迎新春系列活动之"五湖四海话团圆——家的味道"美食 PK 赛

一等奖

特发此证，以资鼓励。

深圳市高新技术产业园区党委

南山区党群服务中心

二〇二一年二月

展示厨艺，获得奖项

蹚过这条河

——越南归侨吴慧芳的人生记忆

这天是2019年的中秋节，一个会悄悄拨动人心弦的特别日子。下午1点，吃完午饭的越南归侨吴慧芳踩着轻快的步伐来到深圳地铁世界之窗站。今天客流如注，这点她早就想到了。深圳年轻人多，放假了还不呼朋唤友地出去玩玩？所以，一来到地铁站，他们10来个义工就井然有序地忙开了：给问路的游客当向导；手把手地教不懂买票的老人如何买票；将残障人士送上地铁，等等。3个小时很快过去，吴慧芳他们顺利完成了这天的工作，可以回家了。没想到，工作结束，地铁站还给每人发了一盒小小的月饼，这份意想不到的节日礼物让他们喜笑颜开，自然要合影留念。

2016 年 7 月，已退休在家 7 年多的吴慧芳开始加入义工行列，当初她的想法很简单，就是希望能走出家门，更多地看看这个世界，看看别人的生活。刚开始她有些怯生生的，一周也“抢”不到一两单，不久她就能很熟练地“抢”到位，现在每周有两个早班、两个晚班、一个地铁咨询班，周末也有两到四个班。就是说，她每天起码有 3 个小时在做义工，风雨无阻。报酬多少？人民币 20 元。她很多次这样回答不同人的提问。后来她也想通了，毕竟像她这样把义工当作“上班”般对待的人还是不多，所以不能怪人家好奇。这 20 元怎么花呢？吴慧芳多半用它来买瓶水喝，有时也买份盒饭吃。这两年物价看涨，盒饭快买不起了。

在地铁做义工（前排右五）

用3小时的付出，换来区区20元，似乎太不值得。可吴慧芳却不这样看。她现在做得最多的是地铁义工，深圳地铁拥挤的时候多，也许汹涌的人潮中没有人会注意到他们的存在，可总有人需要他们，在被需要的过程中，她觉得了自身的价值。曾经有一段时间，吴慧芳觉得自己的人生之路越走越难，心情灰暗，当她通过做义工了解到一家三姐弟的遭遇后，她的看法改变了。这三姐弟本来像其他人一样好好地上着学、创着业，过着平淡而又幸福的生活，可不知受家族中什么怪病影响，到30多岁后他们仨都相继不明不白地双眼失明了。痛苦一阵后，这三姐弟坦然接受了命运的安排，自学盲文，用上了盲人手机，还经常走出家门。好多回，吴慧芳陪着他们到东部华侨城等地游玩，看到他们年轻的面庞和脸上的笑容，她打心底里同情并佩服，觉得跟这三姐弟比，自己的那点“难”算什么啊。这样一想，她心情开朗了，不再郁勃，对未来也不那么悲观。吴慧芳认为，如果她不做义工，就碰不见这三姐弟，自己心中的疙瘩还不知何时能解开呢。所以，她乐呵呵地做着每天只有20元报酬的义工，无怨无悔。

人近60，总不免回忆人生，吴慧芳最怀念刚回国在普宁华侨农场度过的那10来年岁月。那是1978年，彼时她是一个 19 岁的大姑娘，长着一副瓜子脸，脸上一双迷人的大眼睛引人注目。在农场，她从事的第一份工作是采茶，后来安排到了“毛织厂”搞质量验收，最后去柜台当售货员，工作岗位轻松，没有压力。那时她们家每个人每月有 40 斤粮食，吃不完，多余的粮票就用来换鸡吃。业余时间也过得很充实，看书看报，织毛衣，心灵手巧的她很快就为自己和家人织了一件又一件漂亮的毛衣。那时候爷爷奶奶还在，父母亲加他们五兄妹，一

姐妹俩（右为吴慧芳） 摄于普宁华侨农场

大家子住在一起，日子过得从来没有过的安宁静谧。

1959年出生在越南的吴慧芳，童年的生活就是跟着爷爷奶奶和父母亲不停地逃难。第一次逃难发生在她五六岁时，他们一家离开她的出生地、她的家——吉婆岛。吴慧芳清楚地记得，这栋由她曾祖建在海边的两层楼高的房子非常漂亮，站在屋子里可以看到不远处蓝色的海水和耸立的山峰，可惜他们离去后不久，这栋房子就被美国人的飞机炸为平地。一家人仓皇逃到乡下后，住进自己匆忙搭建的四壁如洗的茅草屋里。几年后，连这茅草屋也不能住了，他们一家人继续往深山里逃，最后在山洞里躲了一年多。再次回到岛上已是五六年后，等待他们的是一地破砖碎瓦，无奈只好选在远离海边的地方勉强建了一处容身之地。这种颠沛流离的生活给她幼小的心灵带来了深深的伤害，也使她的教育受到很大影响，读书时断时续。她几乎未接受过正规的中文教育，印象中只认识“日月水火土”这几个简单的中文字，能写出自己的名字，能说白话，如此而已。

从父亲吴永贵的叙述中，吴慧芳知道了她的曾祖父和爷爷那辈其实都很爱自己的祖国，也很注重子女的教育。爷爷虽然出生在越南，但她父亲三兄弟都被家人先后送到广西北海读书。她那在北海出生长大的曾祖父还在这个城市的老街置下了祖业，希望有朝一日能够叶落归根。由于战乱，这位在越南和人合伙买下了一条船、生意做得风生水起的渔民，最终还是葬在了异国的土地上。

爷爷和父亲便下定决心，一定要离开战火不断的越南，他们总是在寻找着逃离的机会。终于，1978 年 4 月 24 日，吴慧芳一家 9 口人逃到了中越边境的一条河流边。作为家中长女，在路上她一直负责照顾两个大点的弟妹，小妹妹在父亲怀里抱着，最小的弟弟吴慧威只有 2 岁多，在母亲背上背着，就这样一路狂奔到这个叫“河口”的地方。他们身边是无数像他们一样想回到祖国的同胞。对岸就是中国啊！此刻的那片土地、那高高耸立的青青的山峦在他们眼里是如此亲切，只要蹚过这条河流，就能到达。眼睛红了，把裤腿挽起来，父母们抱着小孩、牵着老人，大家纷纷扑进这条河流。好在小河只有十几米宽，河底是一层鹅卵石，水刚好过膝盖，行走不受碍。行李就是几个包袱，偷偷跑出来的他们，什么都不要了，再说家里也没有什么东西可带回来。几十年过去，吴慧芳虽然忘记了河流的具体名字，但她始终记得它的模样。在后来的岁月里，每当看到小河，记忆就会苏醒。

上岸了，他们一家人和所有从越南涌入中国的“难侨”们被安排在一个临时收容点——马王堡。在这里，她们第一次吃上了祖国的猪肉、鱼、茄子等菜蔬，吃完饭，吴慧芳看到弟弟妹妹们有滋有味地咂吧着嘴唇，她也忍不住回味，确实很久没吃过一顿像样的饭了。10天后，他们来到了昆明，接受身体检查，正逢“五一”节，政府还给每个人发1元钱。这9元钱，在给爷爷奶奶和母亲过目后就被父亲郑重其事地装在荷包里。他只给家人们添置了一些最基本的日常生活用品。那几天，气温骤降，吴慧芳一行人穿着短袖，系着拖鞋，她望着自己冷得发白的双脚，什么也没有说，只是紧紧地牵着弟妹的手。终于上了火车，几天几夜后，他们回到了温暖的南方。原想回故乡广西，可那里鲜少华侨农场，就这样，他们被分配到了广东普宁华侨农场。

虽然不懂潮州话，中文字也识不了几个，但吴慧芳很好学，很快适应了农场的生活。她每天缠着父亲教她认报上的字，字认多以后，她开始看书看小说，尤其是迷上了《三国演义》《水浒传》《岳飞传》等故事类小说，看得津津有味，中文水平也迅速提高。不久，她父亲当上了生产队的出纳，她也认识了他父亲的年轻同事彭育坚。他是马来西亚归侨，祖籍宝安龙华，1964年1月回国，已回国十几年。后来两人相恋了。1988年他们来到深圳华侨城，彭育坚进了华侨城医院，依然做财务工作。

吴慧芳因为没有什么学历，先到“联生手袋厂”干了两年，后来安排进了世界之窗的餐饮公司，一直工作到退休。

到2015年，吴慧芳56岁了，她对生活没有太高的要求，只要平平安安就行。可就在这一年，家中最小的弟弟吴慧威突发“精神疾病”，让吴慧芳一时慌了神，不知道该如何应对。回国十几年里，相继走了好几位亲人，首先是爷爷奶奶，然后是父亲1987年去世了，最后，亲爱的母亲也于2014年初离开了他们。母亲是大年三十走的，当时她想带弟弟吴慧威一起回去奔丧，可无论如何劝他也不肯回，嘴里一直说“妈妈不会死，不会死”。当时她就觉得弟弟的话很奇怪，但没往心里去。

谁能想得到呢？吴慧芳觉得非常歉疚。1975年出生在越南的吴慧威回国时才2岁多，他是在普宁华侨农场长大的，从小性格内向，不爱说话。自父亲去世后，弟弟就跟着母亲和他最小的一个哥哥在农场生活。1988年吴慧芳已经29岁了，恋人去了深圳，她只能跟随他的脚步离开，无法留在家里继续照顾母亲和弟弟们。后来成家、生孩子，母亲从普宁来深圳帮她照管孩子两年，家人对正处青春期的小弟弟关心不够。小弟高中成绩不理想，未能考上大学，只好于1990年也来深圳打工。最先在华夏艺术中心做保安，后与人合伙开小店，再后来到西安打工一段时间，上了别人的当，两手空空回到深圳。吴慧芳眼看着弟弟恋爱受挫，工作不顺，可她帮不上多大忙。她以为时间会慢慢治愈弟弟内心的伤痕，却不料事情朝着她完全想不到的方向发展。

吴慧威于2014年12月出走，几乎是“光”着身子走的。看着深圳的车水马龙万家灯火，想着身无分文、不知何处吃住的弟弟，吴慧芳发了疯似地满街寻找。整整9个多月，她茶饭不思，心中只有一个念头，就是一定要找到弟弟，否则她无法对地下的父母尤其是母亲交代。母亲最后几年总对她念叨，阿威快40岁了，既没有对象又不工作，很让人担心，希望她这个当大姐的能尽量多照顾这个最小的弟弟。

幸好有了微信朋友圈这样先进的交流工具，吴慧芳儿子的同学无意中发现“目标”，迅速锁定身边这个穿拖鞋、满身脏污、正在地上捡烟头的人。收到信息的吴慧芳母子当即确认，这正是他们要寻找的吴慧威。一面让这个好心的同学一路尾随“失联人”、不断调整定位，一面一家人分头赶过去。吴慧威认出了眼前这位紧紧抱着他、激动得泪流满面的女人，在喊了一句“你不是我姐姐”后，猛力挣脱她的手，撒腿就跑。后面三四个人追，从地王大厦一路紧追到东门东路，就像电影中的追捕场面，吴慧芳怎么样也忘不了那个镜头。幸亏有身强力壮的儿子在，只见他紧追不舍，摔了一跤又一跤，最后躺倒在地上死死抱住舅舅不放手，这回终于跑不掉了。出租车见是拉一个精神病人，摇摇头开走了，终于有一位好心的司机停下来，把他们送到了康宁医院。

一个月后，吴慧威出院回家了。吴慧芳只能把他接到自己家里来住，虽然自己的家只有二房一厅 70 多平方米，可她不能再把他往外推，只有她能救弟弟，再难也要挺过去，至于结果会怎么样，她也不去想了。只是太不放心与弟弟同住一室的儿子，每晚睡觉前她都会细心地把厨房的刀具藏起来，睡觉时也特别机警，留神隔壁房间的一举一动。她是姐姐更是母亲啊，她只有一个儿子，怎能忍心他受伤害。她心中的苦只有丈夫鼓育坚最知，也因此她十分感谢丈夫的支持。

那段时间，吴慧芳到处打听可以让弟弟逐渐康复的办法，这时，沙河街道残联负责人刘颜在了解了相关情况后向她伸出了援助的手。街道残联虽不是一个重要部门，可街道党工委十分重视这个民间团体，派出了当时的新塘社区工作站站长刘颜作为该机构的负责人。刘颜到残联后狠抓了“职业康复中心”的“户外拓展”和“爱心企业帮扶活动”，到 2019 年底，“职业康复中心”会员达到了 72 人，大部分是生活能自理的残疾人，也有像

沙河街道残联负责人刘颜（左二）与相关人员上门慰问吴慧芳、吴慧威姐弟

吴慧威这样精神不太正常的残障人士，还有不少自闭症患者，他们常年在这里进行“常态化训练”。吴慧威进了职康后，很快爱上了这个非常有爱心的团队，他每天早上 9 点半来，11 点多回家吃午饭，下午 2 点半来，4 点半回去，像上班一样准时。如逢天气不好，职康不开门，他还有点不知所措。在职康，他算“聪明”的，会打乒乓球，会唱歌，会排节目，还能帮助照顾其他智残儿。这几年他代表沙河队到区里参加乒乓球比赛，还得过奖。

2019 年 8 月 2 日下午，吴慧威又和队友们在职康中心打乒乓球，不一会主任刘颜把他喊到办公室，递了一盒酸奶和2包核桃红枣糕给他，他接了，很自然地剥开吃起来，与常人表现无异。对眼前的“阿威”，刘颜可谓用尽了心思，不仅关心他的生活，还操心他的未来。这两年她一直在做一件事，就是帮助像阿威这样的病人联系爱心企业，让其为他们买社保，发最低工资，这在很大程度上改善了他们的生存环境。用刘颜的话说，就是一个人也不落下，让他们每一个人都有“牵挂”。阿威知道了自己每个月有1000多元工资、退休后还有社保金领后，人变开朗很多，不再闷头抽烟了，有时候还会又说又笑。眼下刘颜问他情况怎么样，他说这两年感觉好多了，医生让他多运动，多和外界接触，他都做到了。还主动说起自己的病，说不记得自己发病时的情况，也不知道自己为何会发病。虽然刘颜的办公室还有其他客人，他很自如地谈起这些，只是说话的语速稍慢一些。见屋里的人在谈论打乒乓球，他插话道，自己从初中就开始学打乒乓球，很喜欢这个运动。又有人问起他姐姐情况，他说姐姐明年就满60岁了，过了65岁就不能做地铁义工了，所以姐姐现在做义工很积极。“做点事，体能会更好。”他补充说，似乎很认同和支持姐姐的“事业”。

阿威不知道，这其实是刘颜针对他有意发起的一场

“特色谈话”，每隔一段时间，刘颜都会这样做。目的就是随时了解他们每个人的康复情况。会谈的时候，刘颜还会请来其他客人“助阵”，有社会热心人士，也有心理咨询师等，一切都做得自然、随意。当初接纳阿威的时候，刘颜其实是捏着一把汗的。吴慧芳求上了门，看到当姐姐的为弟弟操碎了心，头发散乱，一脸憔悴，她决定试一试。这一试还成功了，吴慧威进步很快，他目前是职康中心最正常的人。

“还记得越南吗？”刘颜问他。“不记得了。”吴慧威看着地面说，表情漠然。他的姐姐讲起弟弟的病时曾对刘颜说，如果弟弟能像她当年那样经历越南的种种生活，也许不会生这个病，那是什么样的生活啊，根本就谈不上生活，一切都只是为了活命！

2 岁不到的吴慧威自然不会有这样的感悟。

吴慧芳正是通过与刘颜一帮人的接触后，才知道做义工很有意义，后来吴慧威情况不断好转，更让她觉得自己应该以微薄之力回报社会，让真正困难的群体感受到来自他人的关心和帮助，感受到人间有爱、有温暖。她虽然只做了 3 年多义工，可她做得用心，很快得到了各方的好评。2017 年她获得了中新街社区党委颁发的年度“优秀志愿者”称号；2018 年获得了深圳市南山区义

2018 年获得深圳市南山区义工联合会颁发的“2018 年度南山区优秀义工”称号

工联合会颁发的“2018 年度南山区优秀义工”称号；2019 年获得了深圳市义工联合会颁发的“深圳市五星级志愿者证书”，可谓是阶梯式的进步。她笑称，这短短 3 年获得的奖牌证书加起来远远超过了她一生所得到的荣誉。没想到，只是做一名普普通通的义工，竟能获得如此多的赞誉。她很感谢有关部门对她工作的肯定，让她觉得生活的天地更宽广、更有意义。

只是说到弟弟的未来，她仍不免有几分伤感，说她们夫妻俩已经商量好了，谁活得更久，就由谁来照顾阿威。目前吴慧威正在向市住房保障署申请“经济适用房”，如果能申请到，吴慧威夫妻俩就准备把现在的这套房留给儿子儿媳，她总觉得因为弟弟的病多少影响了他们的生活。现在小孙女出生了，一家三代共 6 口人挤住在这间 70 多平方米的房子，客厅的空间全部给了小孙女，一家人走路都要侧着身子。“总有办法的。”讲起活泼的小孙女，吴慧芳嘴巴笑得合不拢。

40 年后，重返越南

这些年，吴慧芳只去过湖南张家界一次、回过两三次北海老家，2018 年清明节，她唯一一次回到越南吉婆岛，她出生长大的地方，给曾祖烧了香。此外再未去过别的地方，她说她就怕自己万一有个三长两短，留下弟弟无人照管。讲到这些时，她的声音小了，眼睛红了。

长姐如母。在吴慧威身上，寄托了一个姐姐最深的情意，为他们祝福吧。

难忘的回忆

——印尼归侨刘华珍家庭的归国之路

也是牛年，只是时间要退回到 1961 年 2 月 15 日，农历辛丑年大年初二。这天，印度尼西亚（以下简称“印尼”）沃诺梭坡中华总会正为 21 名即将归国的华侨举行隆重的欢送仪式，场面热烈。这 21 人中就有刘治生、陈婉娘夫妇及他们的 4 个孩子。他们最小的女儿，也就是本文的主人公刘华珍，尚不满 2 周岁。

虽然一片欢声笑语，但在大人们的心头仍弥漫着一层无言的忧伤。每个人心中都有自己的牵挂和留恋。此刻的刘治生已经 43 岁，虽然父母已下世，但还有两个弟弟和一个妹妹留在印尼。最大的弟弟 31 岁了，尚未成家，妹妹也未婚配，刘治生知道，他这一走，以后三兄妹的生活会更加艰难。而陈婉娘的内心也不好受，虽然母亲和姐姐一家同行，但印尼还有她大姐、二哥、侄儿等许多亲人，尤其是大哥一家人，很令她不舍。大哥 1948 年被印尼人杀害后，留下 3 个年幼的子女，现在只有靠嫂子钟媗娘一人艰辛抚养，他们的日子会怎样呢？

仪式很快结束，这 21 名归侨将乘车前往三宝垄市撤侨点集中，完成报到、检疫、离境、行李物品托运装船等系列手续。分别的时刻到了，大家互道珍重，无论走的人，还是留的人，泪水挂满了所有人的面孔，除了天真的孩子。车快开了，站在送行人群中的钟碹娘将留恋的目光从一张张亲人的面孔上掠过，一眼看到 7 岁的外甥刘建伟，身上穿得单薄，她突然想起什么似的转身要求儿子陈伦义脱掉身上穿的簇新的毛衣，递给建伟。陈婉娘正想推让，她不容推辞地说，中国比印尼冷，带回去更有用。此事让大家感动不已。尤其是陈婉娘，泪水又一次夺眶而出。

那件毛衣，后来自然是派上了用场。这种爱的传递，后来成了亲人们津津乐道的一件往事，也让刘华珍兄妹对这位大舅母和伦义表哥产生一种特别的亲情。

那是个特殊的年代，这样的场景在印尼其实并不少见。

真正经历过印尼社会动荡的华侨们，对印尼可谓又爱又恨。爱的是，他们的祖先几十年前甚至两三百年前就来到此地，披荆斩棘，辛勤打拼，为印尼的民族独立和经济发展流血流汗。他们的后辈在这儿出生、长大，已深深地恋上了印尼的一草一木、山山水水，已把这里当成故乡。恨的是，印尼政府自1950年代开始，就出台各种排华法令，如：限制中国人入境、增加外侨缴纳的各种税费、限制印尼企业雇用华侨、限制外侨拥有土地、限制外侨营业、禁止华侨使用祖国的语言文字等，造成数十万华侨渐渐失去生活来源，变得流离失所，一向勤劳善良的华人成了当地人眼中的“敌人”。

正是在这种背景下，世世代代生活在印尼的华侨们不得不面临着一种抉择：是放弃中国国籍，做一位印尼国民，真正融入那个国家的经济文化生活，还是抛下那里的一切，包括财产、亲情、友情，回到祖国的怀抱？

不同的人有不同的选择。

其实早在1949年，印尼政府在重申《公民身份法》（1946年颁布）的基础上就附加提出：华侨如欲保持外侨身份，必须在两年内声明放弃印尼公民身份。此举，让多数华侨处于两难选择之地。随着新中国的成立和国际地位的日益提高，生活在印尼的华侨们为自己的祖国而骄傲，他们千方百计想保留中国国籍。而祖国，其实早已看出印尼政府出台各项政策的用心，为了保障印尼华侨的切身利益，1955 年 4 月 22 日，周恩来总理在万隆与印尼政府签订了《中华人民共和国和印度尼西亚关于双重国籍问题的条约》，他亲切地鼓励华侨们放弃双重国籍，尽可能地融入当地社会。后来中国政府又多次重申不承认双重国籍。

尽管如此，仍有不少华侨不想放弃自己的中国国籍，刘华珍的父亲刘治生便是一例。他早早地在 1951 年就郑重其事地到其居住地中爪哇活诺梭坡法院宣誓，拒绝加入印尼国籍，并保存了一份《国籍选择声明公证书》。不仅如此，早在 1948 年 10 月结婚前，他就花了 2.1 万印尼盾买了一台飞利浦电子管收音机，1950 年 4 月，中国“北京广播电台”正式开办国际广播节目，栏目有新闻、祖国各地、中国建设、中国文化、旅游介纪、在人民公社里等，刘治生是热心的听众。正是这样的爱国情怀，让他在 1960 年选择归国。

据统计，在 1960 年、1961 年这两年时间里，中国政府共租派“美上美”“大宝康”“大宝安”等 10 几艘轮船接回约 10 万印尼归侨，他们中除绝大部分是灾难侨外，还有少部分是自愿自费回国的有产归侨，刘治生便属后者。

刘治生是 1918 年出生在印尼万隆芝渣另加镇的二

代华侨。其父刘质彬是广东省大埔县大麻乡中兰村下寨人，于清末与兄文彬、其他堂兄弟等一起前往印尼谋生。虽然只是靠做小生意维持生计，但刘质彬信守客家人的传统“讨食也要让子女读书”，先后把5个子女都送进华人办的学校，尤其是对长子刘治生，悉心栽培，还让其回乡读书一年，使他的中文水平达到高中程度，为日后从事华文教育达16年之久打下良好基础。其他子女也读到初中毕业。

刘治生果然没有辜负父亲的期望，高中未毕业就踏入社会，26岁那年开始被聘为华语学校的老师，曾在5所中华学校任教，最后在校长职位上失业。原因是印尼政府关闭了他所执教的保诺罗果中华学校。在中爪哇沃诺梭坡中华学校任教期间，他结识了祖籍福建漳州的华人姑娘陈婉娘，两人在此喜结良缘。

比起刘治生，陈婉娘祖父那辈就到了印尼，她的父亲陈鼎福是1887年出生在印尼的二代华人，身上有一半印尼血统，原来他的母亲是爪哇原住民。可他热爱中国，喜着唐装，在家坚持说闽南语，曾出钱出力支持中国的抗日战争。1951年10月，他带领全家人向当地法院宣誓，不加入印尼国籍。他的行动赢得了社会和家人的尊敬，曾担任沃镇中华总会的负责人。

深受闽南文化熏陶的陈鼎福同样信奉“爱拼才能赢”。他从小就在沃诺梭坡镇经营日用百货，成家后与妻苏亚达娘同心协力，开展多种经营，广拓财源，不仅自制咖啡酱油、自创品牌，还在有限的门店兼营单车修配。苦心经营多年后，终见成效。到 1959 年 12 月他离世前，家里除拥有前铺后居的房屋一套外，还有国外高级相机 3 部、脚踏车和缝纫机各 1 架、瑞士手表 3 块、黄金 700 克和金银首饰一批。

刘华珍说，算起来，他们家在当时的印尼应属中产阶级家庭，如果不是排华，他们本可以衣食无虑地生活在那个国家。然而，父亲的失业，种种限制措施，让华人生存空间大大受到压制，感觉政治上受到压迫，“低人一等”。尤其是外婆苏亚达娘，虽然身上也有印尼血统，但大儿子的“活不见人、死不见尸”让她恨透了印尼暴徒，望着两个女儿的 7 个年幼的孩子，她更担心房屋将不保，有失去家园的危险。如果真的有那一天，这些孩子们怎么办呢？既然已选择保留中国国籍，眼前祖国又伸出温暖的双手派船来接，何不回去呢？哪怕不属灾难侨要自己买船票，更何况船票相对便宜。听说名额有限，大家商议后，不再犹豫，下定决心回国。首先是变卖房屋，用来买船票，再置些硬通货，少部分接济留在印尼的刘家三兄妹。

为何如此关照刘家三兄妹？除了苏亚达娘和陈婉娘的善良，这里也有客观原因。

刘治生的父亲刘质彬到印尼后也是以做小本买卖为主，勉强维持生计，可 46 岁就英年早逝。长子刘治生 26 岁就挑起全家重担，即使结婚成家，也要不时地周济母亲和三个未成家的弟妹。1955 年母亲郭暖娘离世，他便成了弟妹们的主心骨，到 1961 年他回国前，大弟弟刘自才不幸患上了肺结核病，不仅无法外出工作，还要花钱治病。小弟刘自开虽已 23 岁，也未找到工作，家里唯一能挣钱的人就是妹妹刘季妹，也只是帮人做裁缝，收入微薄。这三兄妹一心巴望着祖国再次派船接侨，他们也想回国与大哥团聚。可自 1961 年秋季后，考虑到当时的实际情况和条件，国家采取了“少撤多留”的做法，很长一段时间都不再派船接侨。直到 1967 年 10 月，排华达到极点，中国与印尼正式断绝外交关系，才又派出船只接侨。1990 年 8 月 8 日，两国才恢复外交关系。

刘治生有时想，如果那年自己一心要带弟妹们回国，也许就回了。除开经济条件受限，主要还是以为他们都已是二三十岁的成年人，在印尼应该不难生存下去。却没想到他们后来即使加入了印尼籍，生活也是困难重重。

大弟弟自才虽然读到初中毕业，但由于学的是中文，此时已全无用处，身体养好后只能去农村帮人打工，以种植蔬菜为主，薪水也不高。1967 年下狠心把几年来辛辛苦苦省下来的一点钱，再从友人那里借一部分，合起来到农村租了 2 亩地，打算种红葱。红葱倒是长势喜人，正盘算着这次也许“可中红心”，结果还是枉然，因为这年反华达到新高潮，即使偏远的农村也受影响，快要收获的红葱被当地土居民一抢而空，其他华侨也一样几乎颗粒无收。无奈回到万隆，干起了来钱最慢、最被人瞧不起的“走货”生意。生活艰难，婚姻大事也迟迟解决不了，直到 46 岁那里，才遇到一个梅县女子，两人结为夫妻，生下一儿一女，儿子却在 36 岁那年又去世。而妹妹“为人作嫁衣裳”一辈子，等他们 1994 年第一次回印尼探亲时还是孤身一人。至于小弟自开，在他回国不到 6 年就凄凉离世了。

所以，1994 年刘华珍、刘华珠两姐妹陪父母亲第一次到印尼探亲时，父亲刘治生在 33 年后第一次也是唯一一次见到弟妹，高兴之余又添悲忧。此时刘华珍的叔叔刘自才已经 64 岁了，还在靠双手谋生，不仅与妹妹一起做起了衣服加工，还在家门口摆摊，卖鸡、羊牛肉、青菜豆腐等，以补贴家用。而国内的亲人们自从 1980

1986 年国庆节，父亲刘治生（左一）、母亲陈婉娘（右一）来深圳探亲

年代初开始生活水准就已大大提高，刘治生、陈婉娘两人的退休金每月已超过 500 元，还搬进了两室一厅带厨房和厕所的新居。家里 5 个子女个个都有出息，其中 4 个是中共党员。大儿子刘建伟是农场第一批“工农兵学员”，分配到广州城市规划设计院测绘大队工作；二儿子刘汉伟是唯一留守农场的孩子，见证了海宴华侨农场发展的整个历史过程，是家中的“农场通”；三儿刘平伟高中毕业两年就应征到部队当兵，1978 年部队推荐参加高考，考入了第四军医大学空医系，此时已是广州军区空军招收飞行学员工作中心的副团职科长；大女儿刘

1979年，有幸成为光明华侨电子厂招的第一批员工

华珍虽只读到高中毕业，但1979年9月就被深圳沙河光明华侨电子厂招为第一批员工，作为特区人，也是很让人自豪的一件事，她也一度成了刘家收入最高的人，早在1984年月薪就拿到200多元；小女儿刘华珠1978年在农场高中毕业，后来到了广州华侨补习学校复读，最终考上了华南师范大学历史系，成了海宴华侨农场恢复高考后第一个考出去的女大学生，1990年调入广州市人大常委会工作，此时已是正科级的国家公务员。

自己家里人丁兴旺、事业有成，而在异国他乡生活的弟弟妹妹还如此落魄，刘治生内心十分不安。由于3个儿子因为工作未一同前往，回国后，刘治生、陈婉娘把在印尼的所见所闻告诉了儿子们，他多次嘱咐刘华珍兄妹，眼前国内的生活比国外的叔叔姑姑好得多，以后还会越来越好，可不要忘了远在印尼的亲人，他们生活贫困，需要大家的资助。1997年，刘治生病重，去世前仍不忘念叨此事，刘华珍兄妹向父亲保证，一定会按他的嘱咐行事。后来，他们兄妹兑现了诺言，不仅多次资助他们，还两次专程到印尼探望亲人，直到2019年11月叔叔刘自才病逝。

1998年9月，刘华珍的母亲陈婉娘也因多年疾病缠身离开了人世。根据生前遗愿，两人的骨灰都撒入潭江的出海口。他们说，不愿意给儿女们增添负担。一年不到的时间里，父母相继离世，让刘华珍兄妹内心十分悲痛。回国时，他们最大的7岁，最小的2岁不到，对印尼没有留下太深的印象，父母亲走了，带走了许多回忆。这些回忆是珍贵的，它们不仅属于父母亲，也属于千千万万个印尼华侨。

2001年，父母亲生活了30多年的海宴华侨农场决定发展以“东南亚侨文化”为主题的第三产业，在他们居住的五丰村建设了一个东南亚民俗风情园，为旅客表演东南亚风情舞蹈。海侨镇党委号召农场归侨积极献计献策，共同为农场旅游业发展出力。刘汉伟向回家度假的弟弟刘平伟介绍了农场发展的新方向。此时的刘平伟已调到广州市侨办工作，听完二哥的介绍，他一下就想到了一个点子。既然父母房子空着，何不利用它办一个家庭展览馆呢？因为父亲在印尼时就爱上了摄影，曾经一度还想回国后重操旧业，只是1960年代初的国内生活根本满足不了父亲这一梦想。最初安排在大南山华侨农场，父母亲都是在生产队务农，半年后父亲重执教鞭，在农场小学当起了老师，此后基本没有摸过照相机。

虽然没有如愿，但父亲带回来很多印尼照片。加上那次回国时，父母亲从印尼带回家具电器厨房用品被褥衣物绣织品等，整整4个大柚木箱，还有单车修理工具一套，够开一个单车修理铺，“财产”之多，是很多归侨家庭望尘莫及的。虽然他们早已不值分文，但却具有极大的展示价值和收藏意义。几兄妹一碰头，大家都同意。说干就干，名字就定为“印尼归侨家庭博物馆”，资金大家共同分担。首期投入1万元，用于房屋修缮、展柜制作和图片制作。然后兄妹之间又进行了分工，各负其责。

在海侨镇党委的大力支持下，经过两个多月加班加点的筹备，2002年国庆节，60平方米的小型展览馆初步建成，向游客免费开放。展示的各种历史资料、从印尼带回及农场生产生活的实物及图片近1000多件，让游客们充分领略到印尼的异国文化和风情，看到了一个归侨

2002 年 10 月 1 日，迎来第一批参观的游客

2006 年 5 月 14 日，时任全国人大常委会副委员长顾秀莲（右二）等领导参观家庭博物馆

家庭回归祖国的艰辛历程，具有重要的爱国主义教育意义。这也是全国第一家“归侨家庭博物馆”。此馆的开张，立即在社会上引起较大反响，平均每年吸引 5000 名游客到此参观。中央电视台、省市电视台及香港凤凰卫视等国内外媒体争相报道，其知名度不断攀升。国务院侨办、中国侨联及省侨办等各级领导多次前来参观，对家庭博物馆给予了充分肯定。2006 年 5 月 14 日，全国人大副委员长顾秀莲等领导到海晏华侨农场视察时，特地来到了博物馆参观。2009 年，江门市五邑侨乡文化基金会投入 10 万元用于场馆修缮，解决房屋漏水和展品发霉等问题。修缮后的家庭博物馆于当年 10 月再次开放，引来中新社等媒体进行报道。

2019 年，由于海宴华侨农场建起了“归侨文化博物馆”，展示归侨历史文化的平台更大、更全面，开办了 17 年的印尼家庭博物馆完成历史使命而暂时停办。刘华珍兄妹怀着不舍的心情摘下了家门前的牌匾，而摘不下的是心中那份永远不能忘怀的记忆。

父母离世十几年了，刘家的 5 个儿女事业又取得了更大的发展，新的一代也开始成长，到 2017 年，三儿刘平伟已是广州市侨办的副巡视员，最小的女儿刘华珠成了广州市人大的一级调研员，也将在不久后退休。无论

2008 3 30
左图为南洋公鸡头铁熨斗，印尼归侨家庭每户都有一件。右图为父亲带回来的各种欧洲各国电灯照明配件
左图为外国铁制铜扣旅行箱和外婆的手提旅行包，中图为表嫂吴惠玲赠送的牛皮旅行箱，右图为父亲的印尼军用背包
厨房用品展柜，都是我们小时候常用的厨房用具

展出的部分物品

生活怎么变化，他们始终不忘自己是归侨人。如生活在深圳沙河光华街社区的刘华珍，她在光明华侨电子厂（康佳集团股份公司的前身）工作了30年，一直在第一线勤勤恳恳工作。2009年退休后，又参加了街道的“印尼歌舞队”。退休后担任光华小区党支部书记的丈夫李源光虽然不是归侨，但也非常支持她参加社区各项活动。现在的她虽然已是60出头，仍然能歌善舞，是歌舞队的主力队员，多次代表街道出征比赛，多次获得奖项。他们的表演也极大地丰富了社区的文化生活，受到广大归侨

成为沙河印尼舞蹈队一名“年轻”的队员

和市民的热烈欢迎。沙河街道中新社区在2020年被评为深圳市唯一的优秀“侨胞之家”，这里也有她们的一份功劳。

附录一

沙河街道历史沿革

沙河街道成立于1984年，位于南山区东部，东起安托山山脊至侨城东路转深南大道北侧到深圳湾海边，与福田区香蜜湖街道、沙头街道相邻；南至深圳湾与香港元朗隔海相望；西至粤海街道以大沙河为界；北至北环大道与桃源街道接壤。地势北高南低、靠山面海，北部为台地，有安托山、燕晗山；南部为滨海平原；西面处于大沙河下游、深圳湾出海口。2019年，辖区总面积25.23平方千米。街道下辖13个社区工作站，17个社区居委会，常住人口20.30万，其中户籍人口8.68万。

街道地域旧称下沙河乡、沙河乡，故得名为沙河街道。

清代，沙河地域为新安县典史管属地，有白石村、新塘村。后有大批客家人从东江、梅州以及江西、福建等地迁入居住垦殖，逐渐形成上白石村、白石洲村。1949年10月中华人民共和国成立时，属宝安县沙河乡。1952年

10 月，属第五区沙河乡。1958 年 3 月，属南头乡。1959 年 4 月，属南头公社。1959 年 11 月，佛山专区农垦局在沙河地域创办国营沙河农场，上白石村、下白石村、白石洲村、新塘村加入农场。1960 年，因建设铁岗水库，石岩塘头大队 68 户 486 人迁入国营沙河农场。1961 年，沙河农场由广州军区司令部接管。1964 年，沙河农场作为第三批成员加入国营光明农场。1966 年，农场由广东省直属农场管理局接管。1978 年，又改归广东省华侨农场管理局管辖。1980 年初，转由省沙河华侨企业公司行政代管。1981 年 12 月，光明华侨畜牧场沙河分场改为沙河华侨农场。1985 年 11 月，华侨城建设指挥部正式成立，全面接管了省沙河华侨企业公司的属下各企业，并划转 4.8 平方公里土地。不久，沙河华侨农场升格为副处级单位，同时加挂广东省沙河华侨实业总公司牌子。1992 年 5 月，农场下放深圳市管理，更名为深圳市沙河实业总公司，该地域由农村改为城市，所有的农业人口转为非农业人口。1993 年 1 月，撤销沙河华侨农场建制，成立深圳市沙河实业股份有限公司，先后被深圳市规划国土局、深圳市投资管理有限公司管理，1997 年改为国有独资公司，后组建为深圳市沙河实业（集团）有限公司。

改革开放前的沙河片区

如今的沙河片区

附录二

沙河街道成功创建优秀“侨胞之家”

由于历史原因，沙河街道曾经是南山区乃至深圳市归侨侨眷聚集最多的地域，到2000年，辖区的华侨城集团归侨侨眷达到2200多人，成为深圳市人数最多的基层侨联组织之一。因此，沙河街道一向重视“侨”的工作，把它摆上了重要的议事日程。尤其是2018年以来，加大了侨联工作的政治引领，突出“党建带侨建”特色，收到较好效果。主要采取了以下措施：

★精心“选点”，精准服务侨胞。根据《广东省侨联关于在全省全面推进“党建带侨建”工作的通知》精神，选择条件较为成熟的试点，通过“侨胞之家”建设丰富侨界群众活动，凝心聚力服务侨胞。为此，沙河街道选取居住归侨最多、开展侨文化工作基础较好的中新街社区作为“侨胞之家”的试点。

★重点“打造”侨胞阵地。充分利用社区党群服务中心，

2020 年 6 月 16 日，省市区侨联的相关领导到沙河街道中新街社区指导工作

2021 年 1 月 29 日上午，市委统战部副部长、市侨办副主任、市侨联副主席刘昕（右五）等领导上门慰问困难归侨

区委常委、统战部部长鲍晓晨等领导深入社区开展调研

2021 年 2 月 5 日下午，时任沙河街道党工委书记李威（左一）上门慰问 98 岁的马来西亚归侨陈宝葵老人

2021 年 4 月 2 日，沙河街道党工委书记彭彩（左二）检查指导“侨胞之家”的工作

社区挂点领导经常带领社区工作人员入户走访

将这里的图书室、活动室、舞蹈室打造成侨胞眼里最觉温暖、最爱光顾的活动点。自 2018 年以来，中新街社区党委在街道党工委的指导下，用心、用情做好社区的侨务工作，为辖区侨胞搭建了一个相互学习、交流的温馨平台。这里一年四季都在开展内容丰富、形式多样的活动：有时是召开社区居民议事会，让广大归侨为社区的发展积极建言献策；有时是开展各种文化娱乐活动，展示侨胞风采，丰富侨胞业余生活；有时是召开归侨代表座谈会，广泛听取侨界群众的意见和诉求，着力解决他们生活中存在的问题，让侨胞感受到党的关怀与温暖；有时是发动大家开展环境清洁治理公益行动，共同维护美好的家园。上述工作的开展，

· 归侨文化艺术节活动现场

现场美食诱人。

听归侨讲故事。

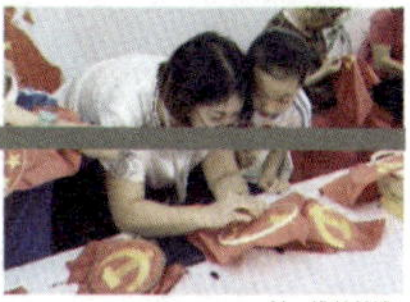

一针一线总关情。

侨心筑梦 共创辉煌

南山区沙河街道举办归侨文化艺术节

侨报融媒记者 李恩 通讯员 文慧梅 文/图

听归侨故事、看归侨表演、观归侨物件、品归侨美食……9月20日，由南山区沙河街道党工委、中新街社区党委主办的"侨心筑梦、共创辉煌"大型归侨文化艺术节在华侨城生态广场举行。通过这场侨乡文化盛宴，让辖区归侨侨眷感受祖（籍）国不平凡的发展之路，以此庆祝中华人民共和国成立70周年。

沙河街道负责人和13个社区的"一把手"以及归侨侨眷代表、辖区居民约300人参加了活动。

听归侨故事 忆苦思甜感同身受

丰富基层群众文化生活，打造温情"侨乡"，是沙河街道"知侨心、懂侨心、暖侨心"的充分体现。此次活动将侨乡的乡土文化特色、地域文化特色、社区文化特性与侨文化进一步融合，充分发挥了归侨文化中"家国情怀"的价值核心，弘扬中国文化，以中华文化为纽带"走出去"凝聚海外侨胞，推动中外文化交流，激发海外侨胞的爱国爱乡热情，团结和凝聚归侨侨眷和海外侨胞为社会主义建设贡献力量。

现场播放了《拾光记忆》纪录片，这是一部由归侨子弟专门拍摄的反映归侨生活的采访纪录片。片中，归侨代表和大家分享着各自的人生际遇和心路历程。这批1949年后陆续回国的老归侨，是新中国建设的参与者、见证者，也是受益者。

从归国时期的背景、回国后的现状、艰苦创业的年代到今天的幸福生活，倾听着归侨们的话，人们仿佛在时光隧道里穿梭。

老归侨享受文艺大餐。

看归侨表演 独特风情欢乐洋溢

南山区沙河街道辖区目前有归侨1030人（主要来自印尼、越南、马来西亚、泰国等）、归侨侨眷4000多人，是南山区归侨和侨眷最多街道。

东南亚归侨侨眷能歌善舞，在街道侨联支持下，由辖区几十名归侨和侨眷组成的"沙河街道印尼舞蹈队"早已名声在外。每年五一、国庆等重要节日，舞蹈队都有汇报演出，以文体爱好为纽带增进沟通交流，充实辖区侨胞精神生活，受到归侨侨眷欢迎。此次，舞蹈队带来了印尼民歌联唱、印尼舞蹈《木偶姑娘》，印尼民间竹筒乐器昂格隆演奏以及大合唱《海外孤儿有了娘》。独特的东南亚风情和归侨文化，引起观众共鸣，现场歌舞欢腾，掌声不断，到处洋溢着祥和快乐的气氛。

精彩的歌舞表演。

观归侨物件 侨乡文化历史情怀

除了视听盛宴，现场还有"私人订制"的传统手工制作、归侨老旧物展示。印尼小学的成绩单、东南亚风格的摇椅、柬埔寨护照……这些归侨"老古董"旧物充满历史情怀，让人驻足观看拍照。最令人感动的是归侨陈淑黎阿姨带来的归国旧船票，船票上的"安抵祖国"让人刻入心底。

此外，怀着对中华人民共和国成立70周年的喜悦，归侨老师向小朋友传授手工技艺，绣出对祖国的祝福；归侨文化艺术节有耳福、眼福，也有口福，展示区东南亚美食名目繁多，越南椰丝球糕点、印尼糕点、印尼小春卷……摆了长长一路，让人驻足品尝。

归侨服饰展示。

编后语

在南山区沙河街道举办的归侨文化艺术节上，归侨侨眷和辖区居民享受到了一场文艺盛宴，也感受到了祖（籍）国日新月异的发展、强大。

70年来，中华人民共和国的发展离不开人民群众的努力，离不开归侨侨眷和海外侨胞的努力付出。同时，人民既是参与者、见证者，也是受益者。（月白）

A16 深圳侨报 | 新貌 | 2018年12月10 星期一
责编\组版:欧阳玉美 美编:曾宁

精彩的归侨歌舞

南山中新街社区归侨嘉年华展现归侨不一样的幸福生活

异国歌舞美食和旧物里的好时光

深圳侨报记者 李恩 通讯员 文慧梅 文/图

看归侨歌舞表演,观归侨小物件,品归侨美食……12月5日,南山区沙河街道中新街社区归侨嘉年华活动在社区广场拉开帷幕。50余名归侨欢聚一堂,用独特的归侨文化表演、小物件展览、美食,为社区居民献上了欢乐盛宴。

归侨歌舞轮番上阵

印尼歌《沙丽楠蒂》《划船歌》,马来西亚舞蹈《玛哩玛哩》,印尼歌曲大联唱……活动现场,归侨合唱队、印尼舞蹈队的精彩节目轮番上阵,为社区居民呈现了一场丰富多彩的归侨文艺表演。

现场歌舞欢腾,掌声不断,到处洋溢着祥和快乐的气氛。活动吸引了社区居民300多人参加。

归侨物件历史情怀

凤凰树下,歌舞声中,归侨的回国机票、护照、全家福等归侨小物件陈列展出。印尼精美碟、碗、玻璃制品数不胜数。印尼服、越南帽、马来西亚服饰等五彩缤纷,让人眼花缭乱,这些平凡却又散发着浓厚年代感的精美物件引得社区居民纷纷驻足观看拍照,场面热烈。

“这是郭姨1960年全家从柬埔寨回国的护照和机票。”活动主持人手举着归侨旧物件向大家展示。

“这是我从印尼的回国船票‘安抵祖国’,这张照片是我们家的全家福,这是我的哥哥、姐姐。”归侨陈阿姨向大家分享旧时光。

邱阿姨的先生是印尼归侨,这次活动中,她专门把家中的“把带”带到了现场展示,她告诉主持人:“我家的两个小孙子孙女都是用这个‘把带’带大的,还可以当摇篮给小孩睡觉。”

“这个小孩藤摇椅,我的儿子睡过,两个孙子也睡过,我还要继续留着,非常有纪念意义。”归侨陈阿姨兴奋地说。

“这个缅甸手织提篮是我结婚时哥哥送的,保存到现在已经60年了,依然崭新如初。”提篮让归侨梁阿姨的思绪回到了60年前。

归侨美食记录生活

活动现场还设立了归侨美食区,社区党委邀请社区归侨朋友们制作各地归侨特色美食,与居民们分享。精致的九层糕,令人垂涎三尺,印尼红龟糕、帽子糕等广受好评,引得社区居民笑逐于眼,掏出手机拍照留念。

据悉,位于华侨城的中新街是一个归侨侨眷比较集中的社区。为推动归侨文化建设,充分发挥归侨文化中“家”的价值核心,近年来,中新街社区党委将打造归侨文化特色项目“归侨嘉年华”作为民生微实事项目,为归侨和侨眷与社区群众搭建了相互交流和展示才艺的舞台,丰富社区居民的文化生活,营造了社区温馨美好的家园文化。

归侨侨眷和社区居民纷纷在网上留言,感谢祖国感谢党,让侨胞回到祖国的怀抱,过上幸福的生活。他们点赞社区微实事,称其唤起了归侨大情结。

欣赏老物件

提篮

制作美食

藤摇椅

护照和机票

现场展示

使社区的“侨胞之家”真正起到了聚侨心暖侨心的作用。

★进一步擦亮归侨文化特色品牌，侨务工作亮点纷呈。一是举办大型归侨文化艺术节活动。2019年国庆期间，举办了以“侨心筑梦 共创辉煌”为主题的大型归侨文化艺术节活动，上百名居民群众到现场听归侨故事、看归侨表演、观归侨物件、品东南亚美食，感受侨乡文化历史情怀，感受祖国不平凡的发展之路。该活动获得南山区2019年度民生微实事优秀项目。二是关心支持“印尼归侨舞蹈队”开展各项活动。沙河街道印尼归侨舞蹈队成立至今已有25年，目前队员共有30多人。这支舞蹈队一直活跃在深圳侨界，备受市民的关注和喜爱。他们积极参加各类活动，屡获大奖，舞出了老归侨最美夕阳红，也舞出了深圳归侨侨眷热爱祖国、热爱生活的精神风貌，它已名副其实地成为沙河街道群众文化团体的一块金字招牌。对这支队伍，街道从多方面给予帮助和支持。

★注意归侨文化的挖掘与保护。通过走访，了解到辖区不少归侨仍保留着当年带回国用的东西，比如船票、各种厨房用具、各种纪念物品等，这些看似没有用的老物件，却寄托了归侨们浓浓的思念之情，把它们展示出来，是一种最好的爱国主义教育。社区先后在2018年、2019年连续两年开展旧物品展览活动，引来周围不少市民观看，收到较好的社会效益。

由于中新街社区“侨胞之家”活动开展得有声有色，2021 年 1 月，它作为深圳唯一的优秀“侨胞之家”受到了全国侨联的通报表彰。

后 记

我想，这本书是需要有一篇“后记”的，因为有太多的东西需要交代。首先，本文所录的 16 篇文章均是以“第三人称”写成，作者一直隐身其间。其实这样的文体并不好写，但为了客观真实和其他方面的原因，作者最后选择了这样的叙述方式。另外一个问题，读者也许会问，为何只选取了这十几名归侨人物进行描述？是不是不太全面？会不会有遗漏？答案是肯定的。肯定会有遗漏。这也是令采访人非常遗憾的一件事。

我从来未想到自己会有这样一段不平凡的人生经历，会与沙河街道的“归国华侨”这样一群特殊的人打交道。最初的想法比较简单，就从两张“安抵祖国”的船票开始，看看里面有什么动人的故事，但随着采访的不断深入，接触不同的归侨，慢慢产生了新的思考。在跟市区作协有关领导进行汇报后，他们认为沙河这个归侨群体确实值得书写，这让我受到很大的鼓舞。后来，我又把想法向当时街道的党工委书记李威同志进行了汇报，得到了他的大力支持。

在两年多的时间里，我对居住在街道的归侨进行了统计和梳理，确定了三个采访原则：一是所采访的归侨应有在沙河辖区工作的经历；二是尽量能采访不同国家的归侨；三是采访不同岗位的归侨。采访还得到了华侨城集团侨联、中新街社区、光华街社区、华夏街社区等单位的大力支持，当然更多的是来自归侨们的配合，他们都很热心，尽力地满足我的采访要求。在此深表谢意！

波折是难免的，主要是自己的原因。首先是时间问题。因为平常要工作，只能利用自己的业余时间。其次就是创作方面有些力不从心。毕竟自己没有那样的人生体验，不能虚构，不能掺水，甚至不能有太多的文学想象。而又要求作品有较强的可读性，难度就产生了，曾经想过放弃。但这些人生故事实在是太珍贵了，他们吸引着我，我想如果不记录下来，未免太可惜了。我不断给自己打气，鼓励自己，既然让我碰上了，就坚持吧，看看坚持下去会有什么样的结果。这是一次无法预见未来的写作，我怕自己陷入太深，最终还是无法避免地“陷入”了。

我有时想，也许这一切早已注定。

我对“南洋”这个词留下深刻印象最早可追溯在18

岁那年，我的父亲给刚参加完高考的我讲了一个故事。在20世纪二三十年代，湖南长沙女子中学有一位教国文的老师是本村的一位爷爷，他有一位叫“刘时芝”的女学生，才华横溢，后来远嫁到了南洋。1942年她回乡探母，正欲回去，传来了惊天噩耗：她的丈夫和一双儿女被炸死在“金马寺”车站。我后来一直想寻找这个车站，它到底属于东南亚的哪个国家？终是没有查到。曾经的家已经不存在了，刘时芝想死没死成，最后到我老家停留了半年时间，写下了一首我认为堪称为佳作的诗：“朝阳红劝桃花醉，宿雨寒禁柳絮狂。日夜资江流向北，柔波不抵别愁长。”她最终带着我爷爷的骨血离开了我的家乡。

这个故事一直存在我的心底。它告诉我，那些腥风血雨、无数的家破人亡，不仅仅只是写在纸面上的历史，而是浸透了无数人的血泪呼号。所以，一经与这些归侨们接触，记忆立刻复活。它也是构成我坚持写下去的动力之一。

在这两年多的时间，我正式采访的归侨家庭约30来户，共接触归侨侨眷近百人。越接近他们，心里越是感到一种紧迫：他们的故事具有鲜明的时代性，饱含了岁月的沧桑，几乎每个归侨家庭都是一部血泪史、辛酸史。

有的亲人永远留在了异乡，有的与父母分离 30 年不曾相见，有的一旦离开就再也没有见到自己的爹娘。他们虽然来自不同的国家，但对自己的祖国、对派出船只接他们回国的中国共产党同样充满了感恩之心，他们说，是祖国向他们敞开了温暖的怀抱，是共产党让他们过上了安定、富足的生活，还让他们来到深圳特区，使自己的事业有了更好的发展平台。他们很感谢，很知足！在一次又一次的接触谈话中，我被他们这种发自内心的家国情深深地打动了，我对自己说，必须把他们的故事写出来，让更多的人知道，尤其是让年轻人知道，再不写，就晚了，他们很多都已白发苍苍，垂垂老矣。

采访是辛苦的，需要多方求证、寻找资料、阅读相关书籍。更需要作者与采访人像朋友一样深入地沟通与交流，需要作者对采访人进行全方位的、细微的观察，需要他们敞开心扉，说出隐藏在内心的话。有些故事的主人公，与他们接触八九次，才最终完成采访；有些刚开始只愿意泛泛而谈，谈话有所保留；有些因年事已高，已不记得几十年前的往事。种种，不一而足，对我来说，都是一个挑战。

这两年多，我很少在晚上 9 点前离开过办公室，虽然如此，但我的内心充实、快乐，觉得自己是在做一件有意义的事。更重要的是，我从这些归侨身上学到了很多东西，明白了很多道理。人应该懂得感恩，无论是对祖国，对他人，都要抱一颗感恩之心。我们能工作生活在自己的祖国，能过上如此安宁、稳定且富足的生活，是多么幸福的一件事。这幸福，看似平淡，却弥足珍贵，应当珍惜。

刚刚过去的一年，是深圳经济特区建立40周年，今年，又是中国共产党建党100周年。在100年的奋斗中，中国共产党正是因为紧紧联系群众、依靠群众，才越来越有生命力、战斗力。而回顾沙河的发展历程，广大归侨在其中发挥了积极作用，他们中间也涌现了不少优秀分子，如：全国先进归侨刘国麟，印尼归侨，退休前是康佳集团股份有限公司党委副书记、纪委书记；全国社区侨务工作先进个人李小菱，缅甸归侨，清华大学毕业生，曾任华侨城侨联副主席及专职秘书长；“全国纸制品包装专家”程明生，印尼归侨，1986来深圳……

本书之所以能与读者见面，首先要感谢沙河街道党工委为沙河的广大归侨、侨眷做了一件好事、实事；其次要感谢《南山文艺》主编李梅女士，从2019年夏季刊开始，《南山文艺》就对沙河归侨系列文章进行了连载，她对我本人的创作更是给予了一次次的鼓励和帮助；还要感谢深圳市作家协会秘书长赵婧女士、深圳大学文学院教授和国家一级作家南翔老师、深圳著名文化学者胡野秋老师、深圳著名文学评论家李云龙老师、深圳大学文学博士欧阳德彬先生等，他们都给了我很好的启发和鞭策。本书还得到了很多领导和热心人士的关心与支持，在此，深深地感谢和祝福大家！

邹　丹

2021 年 5 月